Rund um Sachtexte 2

Kopiervorlagen für die Klassen 9 und 10

Herausgegeben von
Ute Fenske

Erarbeitet von
Heinz Gierlich

Cornelsen

Redaktion: Dirk Held, Berlin
Bildrecherche: Angelika Wagener

Umschlaggestaltung: Katrin Nehm
Technische Umsetzung: Julia Walch, Bad Soden
Illustrationen: Egbert Herfurth, Leipzig

www.cornelsen.de

2. Auflage, 2. Druck 2007 / 06

Druck: H. Heenemann, Berlin

ISBN 978-3-464-61593-5

Inhalt gedruckt auf säurefreiem Papier aus nachhaltiger Forstwirtschaft.

Inhaltsverzeichnis

Vorwort 5

Basiswissen und Methoden

Kleine Sachtext-Kunde (2 Blätter) 6
Die Intention (Absicht) eines Textes erkennen (2 Blätter) 8
Text-Umgangsformen (2 Blätter) 10
Sprachliche Probleme in Sachtexten / *Fremdwörter* (2 Blätter) 12
Sprachliche Probleme in Sachtexten / *Komplizierte Sätze* (3 Blätter) 14
Plädoyer für Äußerlichkeiten / *Texte gestalten* (2 Blätter) 17
Visualisierung von Textinhalten (2 Blätter) 19
Leseinteresse und Lesestrategie (2 Blätter) 21
Lesen – Schritt für Schritt 23
Filmkritik / *Bewertungen durchschauen* (3 Blätter) 24

Texte, die darstellen und informieren

Beruf: Stewardess / *Informationen erarbeiten* (4 Blätter) 27
Event-Manager (6 Blätter, einzeln einsetzbar) 31
- Informationen aus mehreren Texten zusammenstellen 31
- Textabsicht und Leseinteresse 34
- Den Informationsgehalt erschließen 35
- Wie Wörter wirken 36

MPA / Turm der Zukunft / *Einen Sachtext durch eine Grafik erschließen* (2 Blätter) 37
Die Finanzen der Bundesliga / *Text und Tabelle* (2 Blätter) 39
Die olympischen Ringe / *Überfliegendes Lesen und genaues Lesen* 41
Ein Ballspiel aus England / *Überschriften finden – Meinungen erkennen – visualisieren* (2 Blätter) 42
Handys im Flugzeug / *Vergleich und Auswertung zweier Texte* (2 Blätter) 44
Alles wird teurer / *Text – Tabelle – Diagramm* (3 Blätter) 46
Unruhige Augen / *Die richtige Form der Visualisierung finden* (2 Blätter) 49

Texte, die argumentieren und Meinungen beeinflussen

Süßer Alkohol (9 Blätter, einzeln einsetzbar) 51
- Fakten und Meinungen 51
- Aussage – Argumentation – Visualisierung 53
- Auseinandersetzung mit Werbung in Form einer Glosse 55
- Standpunkte entfalten – Forderungen begründen 57
- Ein Thema mit Hilfe von Texten erschließen – Texte als Grundlagen für einen eigenen Text verwenden 58

Jugend debattiert / *Meinungen und Begründungen untersuchen* (2 Blätter) 60
Körperkult / *Eine besondere journalistische Textform erschließen* (2 Blätter) 62
Terminator 3 / *Eine Filmkritik untersuchen* (2 Blätter) 64

Verschiedene Texte

Jugend debattiert / *Einen Zeitungsartikel untersuchen und sich mit ihm auseinandersetzen* (2 Blätter) 66
Jobben – und die Schule Nebensache? / *Texte auswerten – Stellung nehmen* (2 Blätter) 68
Generation Job / *Zu einem Sachverhalt Stellung nehmen* (2 Blätter) 70
Modetrends (5 Blätter, einzeln einsetzbar) 72
- Ein Thema, mehrere Texte: Textdesign 72
- Den Inhalt untersuchen 75
- Die Sprache untersuchen 76

Lösungen 77

Quellen 80

Vorwort

Der zweite Teil von „Rund um Sachtexte“ ist für die Klassen 9 und 10 konzipiert. – Den Anfang bilden Arbeitsblätter zum **Basiswissen** und zu **Methoden.** Das trägt der Forderung Rechnung, Schülerinnen und Schüler in die Lage zu versetzen, **selbstständig** mit Texten umzugehen. Die Schülerinnen und Schüler erarbeiten sich

- Kenntnisse von den wichtigsten Sachtextsorten,
- Kenntnisse von den unterschiedlichen Intentionen verschiedener Sachtextsorten,
- ein breites Methodenwissen, von angemessenen Lesestrategien bis hin zu Techniken der Texterschließung.

Inhaltlich reicht das Angebot vom Überblick über Sachtextsorten über Strategien zur Bewältigung grundlegender Probleme beim Umgang mit Sachtexten bis hin zu einer Anleitung, wie man in argumentativen Texten zugrunde gelegte, aber unausgesprochene Maßstäbe erschließen kann. Auch die verschiedenen Möglichkeiten der Visualisierung von Aussagen werden vorgestellt.

Der anschließende **Hauptteil** gliedert sich nach den grundlegenden Sachtextsorten und Intentionen. Schwerpunkte sind

- Texte, die **darstellen** und **informieren**, also auf die Vermittlung von Wissen oder Kenntnissen zielen,
- so genannte **persuasive** Texte, die auf Überzeugungen und Meinungen zielen.

In vielen Fällen werden mehrere Texte zu einem Thema angeboten, die entweder einzeln oder im Zusammenhang – also textübergreifend – bearbeitet werden können. Neben dem verbalen Text sind auch Grafiken und Tabellen, so genannte **nicht kontinuierliche** Texte, berücksichtigt. Während das Basiswissen gleichermaßen für die Klassen 9 und 10 genutzt werden soll, empfehlen sich aus dem Hauptteil für den Einsatz in der 9. Klasse besonders die Seiten 27–45 sowie 51–59.

Kleine Sachtext-Kunde

Was es nicht alles gibt …

Es gibt die unterschiedlichsten Arten von Sachtexten. Sogar Geburtsurkunden und Antragsformulare gehören dazu; man spricht dann von „standardisierten“ Sachtextsorten.

Um mit Sachtexten angemessen umzugehen, muss man etwas über die grundsätzlichen Intentionen, also etwas über die Absichten eines Textes wissen. Man unterscheidet vor allem darstellende Texte, die Wissen vermitteln, und Texte, die Meinungen und Überzeugungen beeinflussen wollen.

Besonders bei den meinungsbildenden Texten sind weitere Unterscheidungen wichtig. So sollte man z. B. die verschiedenen Arten von Thesen schon deswegen kennen, weil man damit bereits einen möglichen Ansatz zu einem Einwand oder einem Widerspruch hat. Eine Tatsachenbehauptung etwa kann man im Prinzip leicht überprüfen und gegebenenfalls als falsch entlarven. Schwieriger ist es bei einem Werturteil: Es ist subjektiv und kann nicht einfach widerlegt, sondern höchstens in Frage gestellt werden. Eine Empfehlung oder Forderung – die dritte Art von „Thesen“ – muss daraufhin überprüft werden, ob sie sinnvoll ist.

Auch Argumente sollten genau geprüft werden: Es macht einen bedeutenden Unterschied, ob sich jemand auf Tatsachen stützt, um seine Forderung zu untermauern (Faktenargument), oder ob er bloß ein sog. Autoritätsargument verwendet, indem er sich auf einen – angeblichen – Fachmann beruft. Letzteres kann man natürlich leichter in Frage stellen, indem man die Fachkompetenz des „Zeugen“ anzweifelt oder andere Fachleute anführt, die die gegenteilige Auffassung vertreten. Eine weitere Form des Arguments ist das Wertargument. Wenn ich z. B. ein Tattoo haben möchte und als Argument gegenüber meinen Eltern anführe, das sei eben schön oder cool und es gehöre nun mal einfach dazu, dann beziehe ich mich auf Werte – z. B. die Zugehörigkeit zu einer Gruppe, das Angenommen-Sein in der Gruppe, was für mich wichtig und damit „wertvoll“ ist. Gleichzeitig verwendet man eine weitere Form des Arguments, nämlich den Hinweis auf Folgen. Die Eltern mögen einwenden, ein Tattoo könne später, bei der Berufswahl, zu Problemen führen. Auch sie verwenden damit mindestens eine der genannten Formen des Arguments.

Bei den Texten, die Wissen vermitteln wollen, haben die „Wissenspsychologen“ ebenfalls weitere Unterscheidungen eingeführt; hier ist die Sache aber bei weitem nicht so kompliziert wie bei den meinungsbildenden Texten. Man unterscheidet vor allem: Wissen über Sachverhalte und Wissen über Vorgänge und Abläufe. Letzteres wird z. B. in Anleitungen aller Art vermittelt: von der Spielanleitung bis zur Bedienungsanleitung für ein Auto oder einem Handbuch für Ingenieure, das Anleitungen gibt, wie man ein Getriebe baut.

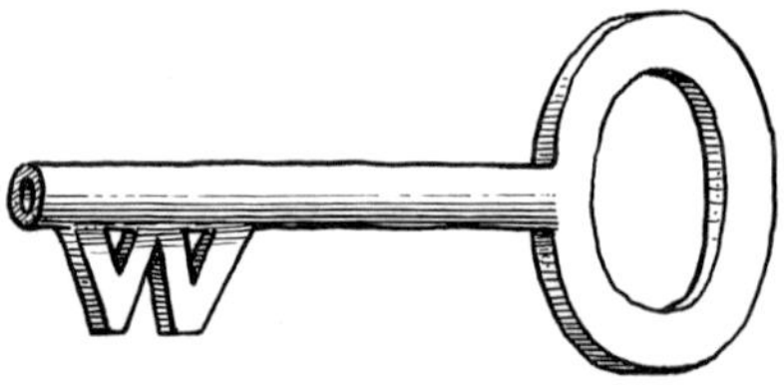

Aufgaben

1. Markiere in dem Text die Schlüsselwörter.
2. Fasse die Sinnabschnitte möglichst knapp (z. B. mit einem Stichwort) am Rand zusammen.

Fortsetzung auf Seite 7

Fortsetzung von Seite 6

! *In Tabellen kann man eine Fülle von Einzelheiten in gegliederter und übersichtlicher Form festhalten.*

Aufgaben

3. Halte die wichtigsten Informationen aus dem Text in einer Tabelle fest.
   Die Struktur ist hier schon vorgegeben.

<table>
<tr><td colspan="4">ARTEN VON SACHTEXTEN</td></tr>
<tr><td colspan="2">Sachtexte, die
____
wollen</td><td colspan="2">Sachtexte, die
____
wollen</td></tr>
<tr><td colspan="2">kann sich beziehen auf:</td><td colspan="2">Elemente der Meinungsbildung:</td></tr>
<tr><td>______________</td><td>Vorgänge und
______________</td><td>______________
in Form von:
• Tatsachen-behauptung
• ______________
• ______________
• ______________</td><td>Argumente
in Form von:
• ______________
• ______________
• ______________
• ______________</td></tr>
</table>

4. Welche Form der These liegt hier vor? Schreibe auf die Linien.
   Achtung: Manchmal können zwei Formen zutreffen.

   Das Rauchen in öffentlichen Gebäuden sollte grundsätzlich verboten werden.

   ____

   Die Reduzierung der Schulzeit auf zwölf Jahre ermöglicht den jungen Menschen einen schnelleren Zugang zum Arbeitsmarkt.

   ____

   Ein öffentliches Rauchverbot bedeutet einen großen Gewinn für die Volksgesundheit.

   ____

   Kinder können mit Handys gar nicht richtig umgehen.

   ____

Die Intention (Absicht) eines Textes erkennen

! *Sachtexte haben unterschiedliche Intentionen.*
Die wichtigsten sind:
- *Wissen vermitteln = informieren – einen Sachverhalt oder einen Vorgang darstellen*
- *Meinungen beeinflussen = argumentieren – überzeugen – überreden*

Handys für Kinder

[...] Experten empfehlen ein Handy nicht vor dem zwölften Lebensjahr. Nach einer Umfrage befürworten zwei Drittel aller Eltern, dass ihr Nachwuchs im Alter von 14 Jahren ein eigenes Handy bekommt. Ein knappes weiteres Drittel will zumindest bis zum Alter von 16 Jahren mit der Anschaffung eines Mobiltelefons warten. Nur knapp acht Prozent sprachen sich gegen ein eigenes Handy fürs Kind aus. [...]
[Ein] Zwickauer Handy-Händler [...] hat sogar ein extra für Kinder unter zehn Jahren konzipiertes[1] Handy im Programm. Das aus Asien kommende Gerät im Kuscheltier-Look hat nur ganze drei Tasten – Ruf und Rufannahme, Ein- und Ausschalten sowie Nummernauswahl. Darüber hinaus speichert der Tiger nur fünf Telefonnummern. Einmal einprogrammiert, sind das dann die fünf Gesprächspartner, die von dem Telefon aus angerufen werden können und von denen das Telefon Anrufe annimmt. So können die Kinder die Eltern, Oma und Opa und ein bis zwei beste Freunde immer erreichen.

1 konzipieren = entwerfen

Handys für Kinder

Über Marke, Design und Image hinaus gibt es [...] auch praktische Aspekte bei der Auswahl des Erstlings-Handys zu beachten. Dabei gelten grundsätzlich die gleichen Kriterien, die auch Erwachsene an ihr Mobiltelefon anlegen. Wer möchte, dass sein Junior bei Bedarf auch wirklich per Handy erreichbar ist, sollte auf lange Stand-by- und Gesprächszeiten achten. Auch ein nur halb aufgeladener Handy-Akku sollte einen Schultag oder einen Klassenausflug lang durchhalten. Stromspeicher mit Lithium-Technologie erreichen in dieser Hinsicht deutlich bessere Werte als die technisch veralteten, aber günstigeren Nickel-Metallhydrid-Akkus. [...]
Wer das erste eigene Handy seines Kindes nicht nur als nützliches Kontrollinstrument („Wo bleibst du denn, wo steckst du gerade?"), sondern auch als Erziehungsmaßnahme zum verantwortungsvollen Umgang mit Geld und Freiheiten sieht, sollte beim ersten Gerät aber auch darauf achten, die Verlockungen zum Geldausgeben in Grenzen zu halten. Derzeit in der Handy-Welt angesagte Funktionen wie der Multimedia Messaging Service (MMS) oder das Laden von Handy-Spielen aus dem Netz stoßen bei Jugendlichen natürlich auf großen Zuspruch. Da aber der Versand einer Foto-Kurznachricht per MMS-Dienst mindestens 39 Cent (in den Prepaid-Tarifen von D1 und D2 sogar mindestens 59 Cent) kostet und das Laden eines Spiels aus dem Netz üblicherweise mit 2,50 Euro berechnet wird, sollten vorsichtige Eltern als Erstgerät für ihr Kind ein Handy auswählen, das solche Funktionen gar nicht erst unterstützt.

Aufgabe

1. Wollen die beiden Texte Wissen vermitteln oder Meinungen beeinflussen?
   Ordne nach deinem ersten Leseeindruck eine der beiden Intentionen zu.

   Text 1 will ______________________________

   Text 2 will ______________________________

Fortsetzung auf Seite 9

Fortsetzung von Seite 8

Die Intention (Absicht) eines Textes erkennen

Aufgaben

2. Überprüfe deine Zuordnung.
   a) Lies noch einmal den Text, der deiner Zuordnung zufolge „Meinungen beeinflussen" will.
   b) Markiere Textstellen, die deutlich machen, dass der Verfasser den Leser beeinflussen will.
   Tipp: Bezeichnend für den Versuch, zu beeinflussen, ist ein bestimmtes Modalverb, das gleich mehrfach vorkommt.

Modalverben:
wollen, können, dürfen, mögen, sollen, müssen

3. Man kann die Intention des Textes, der die Meinung der Leserinnen und Leser beeinflussen will, noch genauer bestimmen.
   Kreuze die Aussage an, die deiner Meinung nach zutrifft.

   - ☐ Der Text fordert zu etwas auf.
   - ☐ Der Text empfiehlt etwas, erteilt einen Rat.
   - ☐ Der Text befiehlt etwas.

4. Auch Texte, die die Meinung der Leserinnen und Leser beeinflussen wollen, enthalten in der Regel Sätze oder ganze Passagen, die rein beschreibenden, informierenden Charakter haben.
   Markiere in dem meinungsbildenden Text Aussagen, die lediglich etwas beschreiben.

5. Was sollte dein Handy können?
   a) Entwirf in Stichworten eine Beschreibung der Ausstattung deines Wunsch-Handys und begründe deine Ausstattungswünsche.
   Unterscheide zwischen Elementen, die du für unverzichtbar hältst, und solchen, die dir wünschenswert, aber nicht unbedingt notwendig erscheinen. Berücksichtige diese Differenzierung auch bei deiner Begründung.

   b) Schreibe nun einen ausführlichen Text in dein Heft.

Text-Umgangsformen

Was man mit Sachtexten machen kann

In der Tabelle findest du einige zusammenfassende Aussagen – sozusagen Überschriften.

Techniken des aktiven Lesens *(fünf Eintragungen)*	
Untersuchungsaspekte: Was kann man an einem Sachtext alles untersuchen? *(drei Eintragungen)*	
Möglichkeiten, das Wesentliche in knapper Form festzuhalten *(fünf Eintragungen)*	
Produktive Umgangsformen *(zwei Eintragungen)*	

Aufgabe

1. Ordne die Tätigkeiten und Begriffe den Überschriften oben richtig zu.
   Tipp: In ganz wenigen Fällen kannst du eine Tätigkeit oder einen Begriff zwei Überschriften zuordnen.
   Als Hilfe steht unter den Überschriften, wie viele Eintragungen zu machen sind.

- Flussdiagramm
- Zwischenüberschriften verfassen
- Sprache
- Aufbau
- gegliederte Stichwortliste
- Inhalt
- den Text in Sinnabschnitte einteilen
- einen Abschnitt oder einen ganzen Text umgestalten
- Mind-Map
- Strukturdiagramm
- Tabelle
- Zeichen am Rand machen (Ausrufe- und Fragezeichen, Plus- und Minuszeichen usw.)
- Schlüsselwörter markieren
- Marginalien (Randnotizen/Randglossen) (Randnotizen/Randglossen)
- einen Text umschreiben

Fortsetzung auf Seite 11

Fortsetzung von Seite 10

Text-Umgangsformen

Was man mit Sachtexten machen kann

Aufgabe

2. Es gibt verschiedene Möglichkeiten, einen Text umzuschreiben oder umzugestalten. Ordne die Tätigkeiten in die Tabelle ein. Lange Tätigkeitsbeschreibungen kannst du dabei stichwortartig wiedergeben.

- *Absätze einfügen*
- *Hervorhebungen einfügen (Fett-, Kursivdruck)*
- *einen Satz mit kompliziertem, verschachteltem Satzbau in mehrere kürzere Sätze „zerlegen"*
- *markante Sätze durch einen Rahmen oder einen Fond hervorheben (wie das in Zeitungen und Zeitschriften häufig geschieht)*
- *mit Spiegelstrichen arbeiten*
- *Attribute in Relativsätze umformulieren*
- *Textteile einrücken*

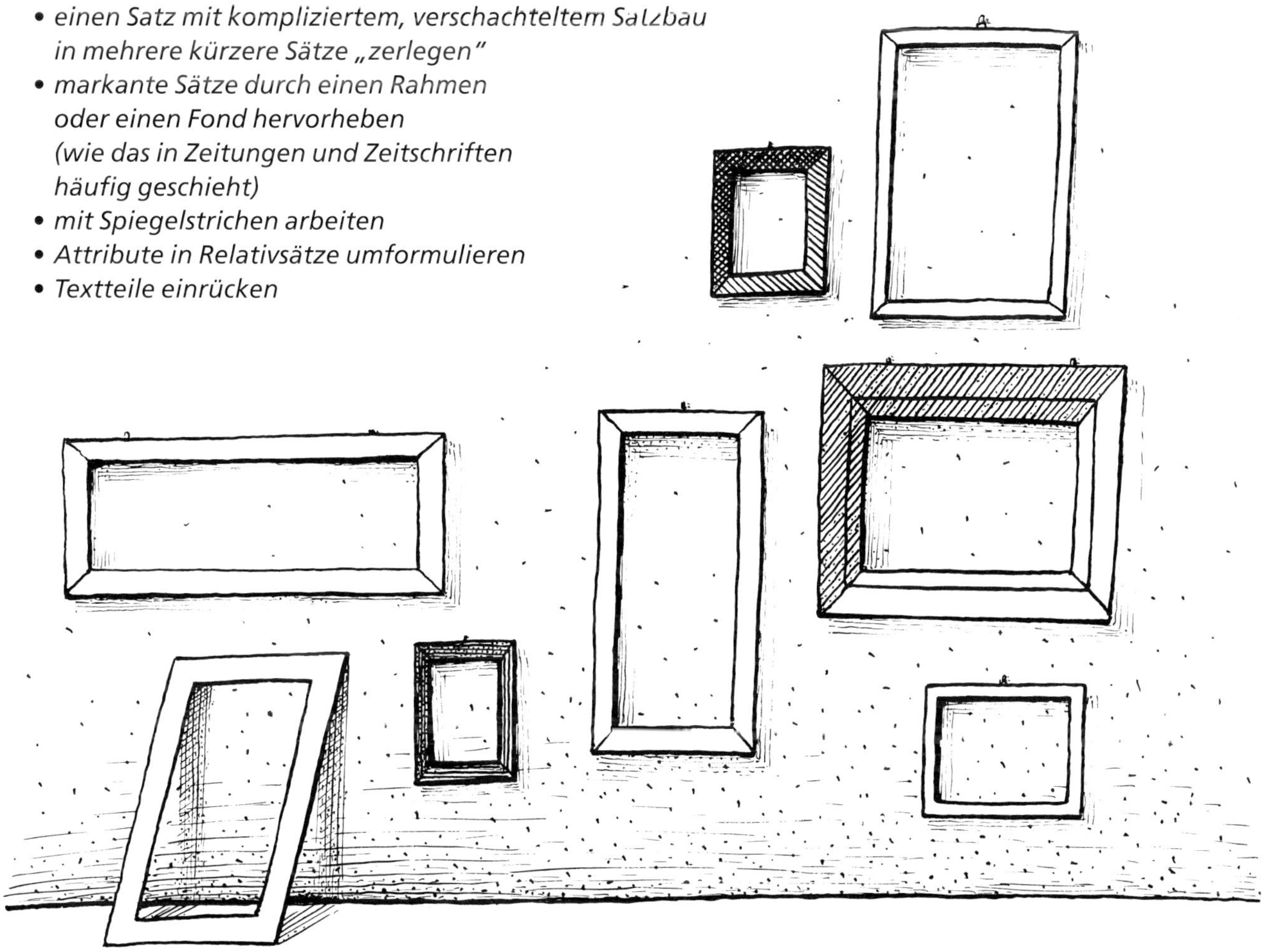

Einen Satz umschreiben	Einen Abschnitt oder einen ganzen Text umgestalten

Sprachliche Probleme in Sachtexten

Fremdwörter

! *Es gibt drei Methoden, mit denen man die Bedeutung von unbekannten Wörtern, z. B. Fremdwörtern, herausfinden kann:*

- *Man erschließt die Bedeutung eines Wortes aus dem Kontext (dem Zusammenhang).*
- *Man überlegt, ob man ein ähnliches Wort kennt; oft helfen hier die allgemeinen Sprachkenntnisse und besonders die Fremdsprachenkenntnisse.*
- *Man schlägt, wenn keine dieser Methoden hilft, in einem Wörterbuch nach.*

Viel öfter, als man denkt, kann man sich mit einer der beiden erstgenannten Methoden helfen. Manchmal muss man nur die sprachliche Fantasie ein bisschen spielen lassen.

Aufgabe

1. Erschließe die Bedeutung der folgenden Fremdwörter mit Hilfe deiner Sprachkenntnisse.

Fremdwort	**könnte verwandt sein mit/Bedeutung**
konvertibel	*konvertieren (Computersprache) = umwandeln/austauschbar*
irregulär	
defizient	
räsonieren	
Akzeptanz	
encodieren	
positionieren	
Rotor	
Antipathie	
orthodox/heterodox	
separieren	
Modifikation	
emigrieren/immigrieren	
Koexistenz	
kuvertieren	
indizieren	
essenziell	

Fortsetzung auf Seite 13

Fortsetzung von Seite 12

Sprachliche Probleme in Sachtexten

Fremdwörter

Aufgaben

2. Übertrage die unterstrichenen Fremdwörter aus den Beispielsätzen in die Tabelle.

    - *Der Vorgesetzte beharrte auf seiner Stellung und verlangte von den Angestellten bedingungslose Subordination.*
    - *Die reibungslose Interaktion zwischen den verschiedenen Abteilungen der Firma wurde als ein entscheidender Grund für die guten Resultate des vergangenen Geschäftsjahres hervorgehoben.*
    - *Versuch doch mal zu eruieren, was damit gemeint sein könnte.*
    - *Die Polizei konfiszierte die Drogen, die sie bei den Festgenommenen fand.*
    - *Der Schauspieler memorierte an einem einzigen Tag mehrere Szenen.*
    - *Dieser Stoff changiert sehr stark.*

3. Fülle nun die Tabelle ganz aus, indem du die deutsche Bedeutung jeweils in die „richtige" Spalte einträgst – je nachdem, wie du auf die Bedeutung im Deutschen gekommen bist.
    - Falls du die vierte Spalte ausfüllst, solltest du über der Linie das ähnliche Wort und unter der Linie die deutsche Bedeutung des Fremdworts eintragen.
    - In jedem Fall solltest du zu deiner Vergewisserung im Wörterbuch nachschlagen. Du kannst deine Eintragung dann entweder korrigieren oder abhaken.

Fremdwort im Singular bzw. Infinitiv	war mir bekannt	erschlossen aus dem **Kontext**	erschlossen aus **Sprachkenntnissen**	nachgeschlagen
Subordination		Unterordnung		
Interaktion			Aktion Handlung	
Resultat				
			engl. memory; Memoiren	
			frz. changer	

Sprachliche Probleme in Sachtexten

Komplizierte Sätze

! *Manchmal erschweren komplizierte Sätze das Lesen von Sachtexten. Vor allem zwei Probleme treten häufig auf:*

- *ein verschachtelter Satzbau, d. h. ein Satzbau, der aus einem Haupt- und mehreren Gliedsätzen besteht, die oft ineinandergeschoben sind,*
- *längere Reihen von Attributen.*

Diesen Problemen kann man begegnen, indem man Teile des Satzes unterstreicht oder durchstreicht und indem man umformuliert.

Was ist ein Attribut?

- Attribute sind Ergänzungen zu Nomen/Substantiven; diese werden durch die Attribute näher bestimmt.
- Sie sind keine Satzglieder, sondern nur Bestandteile von Satzgliedern.
- Die wichtigsten Formen sind:
  - Adjektiv-Attribut (das *große* Buch)
  - Genitiv-Attribut (das Buch *meines Vaters*)
  - präpositionales Attribut (das Buch *mit dem Leineneinband*)
- Attribute sind keine notwendigen Ergänzungen.

Was kann man unterstreichen oder durchstreichen?

- *Bei einem verschachtelten Satzbau unterstreichst du zunächst den Hauptsatz. Damit hast du ein Gerüst für das Verständnis des Satzes. Nach und nach kannst du dann die Gliedsätze in den Zusammenhang einfügen.*
- *Bei den Attributreihen streichst du die Attribute, denn diese sind keine notwendigen Ergänzungen zu den Nomen/Substantiven.*

Wie kann man umformulieren?

- *Oft ist es hilfreich, die Reihenfolge der Aussagen zu ändern. Dabei kann man aus dem komplexen Ausgangssatz mehrere kleine Sätze machen.*
- *Attribute lassen sich in Relativsätze umwandeln. Manchmal genügt es schon, einen der „Attributbandwürmer" umzuwandeln, um einen Satz verständlicher zu machen.*

Aufgaben

1. Unterstreiche den Hauptsatz.

Die Berufsbewerbung, für die mehrere Unterlagen zusammenzustellen sind, die meist auch genaue formale Vorgaben erfüllen müssen, sollte – vor allem, wenn man einen ganz bestimmten Berufswunsch hat – sehr frühzeitig angegangen werden, damit die Chancen auf eine wunschgemäße Einstellung möglichst groß sind.

2. Streiche die Attribute durch.

Die sich sowohl an den inhaltlichen Vorgaben orientierenden als auch die formalen Anforderungen erfüllenden Unterlagen für die Bewerbung um einen Ausbildungsplatz in einer unserer weltweit agierenden Tochterfirmen müssen spätestens bis April eingereicht sein.

Fortsetzung auf Seite 15

Fortsetzung von Seite 14

Sprachliche Probleme in Sachtexten

Komplizierte Sätze

Aufgabe

3. Vereinfache den verschachtelten Satzbau.
   a) Lies zuerst das Beispiel aufmerksam durch.
   b) Bearbeite dann die zwei Übungssätze nach dem vorgegebenen Muster.

Beispiel:

Den Hauptsatz unterstreichen:

Die Berufsbewerbung, für die mehrere Unterlagen zusammenzustellen sind, die meist auch genaue formale Vorgaben erfüllen müssen, sollte – vor allem, wenn man einen ganz bestimmten Berufswunsch hat – sehr frühzeitig angegangen werden, damit die Chancen auf eine wunschgemäße Einstellung möglichst groß sind.

Die Reihenfolge der Aussagen ändern/mehrere Sätze bilden:

Für die Berufsbewerbung sind mehrere Unterlagen zusammenzustellen. Diese müssen meist auch genaue formale Vorgaben erfüllen. Vor allem, wenn man einen ganz bestimmten Berufswunsch hat, sollte man die Bewerbung sehr frühzeitig angehen, damit die Chancen auf eine wunschgemäße Einstellung möglichst groß sind.

Übungssätze:

A) In der Regel wird man, sofern man bei einer Firma in die engere Wahl gekommen ist, zu einem Vorstellungsgespräch eingeladen, bei dem sich der Personalchef, der meist über eine gute Menschenkenntnis verfügt, ein genaueres Bild von der Bewerberin bzw. dem Bewerber macht, um herauszufinden, ob diese wirklich geeignet sind.

B) Fachleute, die schon seit Jahren die Entwicklung der Berufstätigkeit in der Bundesrepublik verfolgen, wobei sie sich auf genaue Statistiken und Analysen stützen, gehen davon aus, dass heute jeder Berufstätige mindestens einmal im Leben seinen Beruf wechselt, und empfehlen daher von vornherein eine breite Schulbildung.

Fortsetzung auf Seite 16

Fortsetzung von Seite 15

Aufgabe

4. Vereinfache die Sätze, indem du Attribute streichst.
   a) Lies zuerst das Beispiel aufmerksam durch.
   b) Bearbeite dann die zwei Übungssätze nach dem vorgegebenen Muster.

Beispiel:

Die Attribute streichen (was übrig bleibt, ist gut verständlich):

Die ~~sich sowohl an den inhaltlichen Vorgaben orientierenden als auch die formalen Anforderungen erfüllenden~~ Unterlagen ~~für die Bewerbung um einen Ausbildungsplatz in einer unserer weltweit agierenden Tochterfirmen~~ müssen spätestens bis April eingereicht sein.

Ein Attribut umformulieren:

Die Unterlagen, die sich sowohl an den inhaltlichen Vorgaben orientieren als auch die formalen Anforderungen erfüllen müssen, ...

Übungssätze:

A) Formale oder inhaltliche Fehler in den Unterlagen einer Bewerberin oder eines Bewerbers führen dazu, dass die Betreffenden sogleich von den für die Einstellung Verantwortlichen von dem weiteren Verfahren in der Firma ausgeschlossen werden.

B) Es ist daher ratsam, sich bei der Bewerbung um einen der in manchen Branchen recht raren Ausbildungsplätze größte Mühe mit der Zusammenstellung der Unterlagen zu geben und bei dieser entscheidenden Weichenstellung für ein ganzes Leben höchste Sorgfalt walten zu lassen.

Plädoyer für Äußerlichkeiten

Texte gestalten

Der Text nutzt verschiedene Mittel der Gestaltung. So wird der ***Textinhalt*** *durch das* ***Textbild*** *unterstützt.*

Blühende Fernsehlandschaften

Es ist was los in der deutschen Fernsehlandschaft. Immer wieder entstehen neue Arten von Sendungen – neue „Formate" sagt man in der Branchensprache. Man kann den Einfallsreichtum der Fernsehmacher eigentlich nur bewundern. Der staunende Konsument denkt sich, nun sei wirklich nichts Neues mehr möglich, nun sei schon alles da gewesen, nun könne nichts Tolleres mehr kommen – und schon kommt doch wieder was Neues.

Die Rede ist hier besonders von den Sendungen, die unterhalten wollen. Ohne Anspruch auf Vollständigkeit seien einige genannt:

- Da sind zunächst die **Talkshows**, sozusagen die Dinos unter den Unterhaltungssendungen. Das Format feierte kürzlich seinen 30. Geburtstag;
- als eine besondere Variante, quasi als Talkshow mit bestimmten, fest verteilten Regeln, wurde irgendwann das **Fernsehgericht** erfunden;
- dann kam **„Big Brother"**, eine Container-Show;
- schließlich **„Deutschland sucht den Superstar"**.

Ein Phänomen ist in der Tat die Langlebigkeit der Talkshows. Zwar erheben einige Talkshows durchaus zu Recht den Anspruch, auf hohem Niveau zu diskutieren und damit einen Beitrag zur Gesprächskultur zu leisten. Aber gerade die Talkshows, die sich an ein junges Publikum wenden, sind im Laufe der Zeit primitiver geworden. Manche legen es bewusst darauf an, ihre Mitmenschen bloßzustellen und also Lacherfolge auf Kosten anderer zu erzielen.

**Manche legen es bewusst darauf an,
ihre Mitmenschen bloßzustellen.**

Wenn man sich das Panorama der Talkshows ansieht, muss man der Medienkritikerin Marianne Kolarik wohl zustimmen, wenn sie feststellt, dass „die mediale Vermarktung der eigenen Person nach dem Motto ‚sell yourself' – verkaufe dich selbst" im Lauf der Jahre ungeahnte Dimensionen erreicht hat. Sie schreibt:

Die Hemmungslosigkeit, mit der Menschen ihre Privatsphäre vor einem Millionenpublikum ausbreiten, hat mit der Talkshow-Inflation in den 90er-Jahren wahrhaft diabolische [teuflische] Ausmaße angenommen. [...] Abgehakt und abgegrast sind alle erdenklichen Tabuthemen: Sex und Crime, Tod und Teufel, Himmel und Hölle – nichts wurde ausgespart. Nicht das kleinste Fitzelchen Geheimnis ist übrig geblieben.

In der Tat: „abgehakt und abgegrast". Und doch scheinen sie immer noch beliebt zu sein, diese Talkshows. Zumindest sprechen dafür die endlosen Wiederholungen von Nachmittags-Talks im Abendprogramm – so eine Art „best of", wenn man hier denn von „best" überhaupt noch sprechen kann.

Aufgabe

1. Schreibe in Stichworten auf, welche Gestaltungsmittel hier genutzt werden.

1. ______________________
2. ______________________
3. ______________________
4. ______________________
5. ______________________
6. ______________________
7. ______________________
8. ______________________

Fortsetzung auf Seite 18

Fortsetzung von Seite 17

Aufgabe

2. Ein gestalteter Text ist besser zu lesen als ein ungestalteter. Das wird sofort deutlich, wenn du dir die ungestaltete Fortsetzung des Textes ansiehst.
Überlege, welche Gestaltungsmöglichkeiten du hier anwenden könntest.
   - Du kannst mögliche Gestaltungsformen durch Markierungen im Text und Stichworte am Rand angeben.
   - Wenn du den Text einscannst, kannst du die Gestaltung auch in die Praxis umsetzen.

   Tipp: Du solltest aber nicht zu viele verschiedene Gestaltungsformen auf so engem Raum anwenden. Denn auch das führt wiederum zu Unübersichtlichkeit.

Fortsetzung:

Dass die Fernsehgewaltigen Talkshows immer mochten, hat – außer, dass sie beim Zielpublikum gut ankamen – einen einfachen und leicht verständlichen Grund: Sie gehören zu den billigsten Sendungen überhaupt: Man braucht keine aufwändigen Sets an exotischen Plätzen, man braucht keine grandiosen Kulissen und die Kosten für die Anreise der Teilnehmer und Teilnehmerinnen halten sich auch in Grenzen. Und da überall Sparen angesagt ist, will man mit gutem Beispiel vorangehen. Durch Wiederholungen wird man sogar noch billiger. Aber das Publikum lechzt natürlich auch immer nach Neuem und so darf man gespannt sein, was sich die Macher noch so einfallen lassen werden. Darf man gespannt sein – oder muss man Angst haben? Je nach Standpunkt. Denn was ist eigentlich so schlimm an Talkshows? Sie bieten für viele eine angenehme Unterhaltung. Und es gibt doch wahrhaftig eine schlimmere Art, seine Zeit totzuschlagen. Wer sich vor der Glotze daran erfreut, dass mal wieder Intimitäten von irgendwem ausgebreitet werden oder dass sich zwei Leute unter dem Beifall-Gejohle der Studiogäste die Köpfe einhauen, der klaut jedenfalls in der Zeit keiner armen Oma die Handtasche. Die Sender betreiben also geradezu Sozialarbeit. Dennoch melden Pädagogen und andere gut meinende Zeitgenossen Bedenken an. Für sie steht fest: Hier wird ein unverhohlener Voyeurismus bedient. Leidvolle Erfahrungen von Mitmenschen werden vermarktet, aber es wird dabei nicht Mitmenschlichkeit gefördert und eingeübt, sondern eher Schadenfreude. All das führt zu Gleichgültigkeit gegenüber dem anderen und damit nimmt die soziale Kälte im Land immer mehr zu. Dass künftig womöglich noch fragwürdigere Formate entwickelt werden, werden solche Warnungen bestimmt nicht verhindern. Es ist aber sicher kein Fehler, über sie einmal nachzudenken.

Visualisierung von Textinhalten

Verschiedene Formen – und wie man sie sinnvoll nutzt

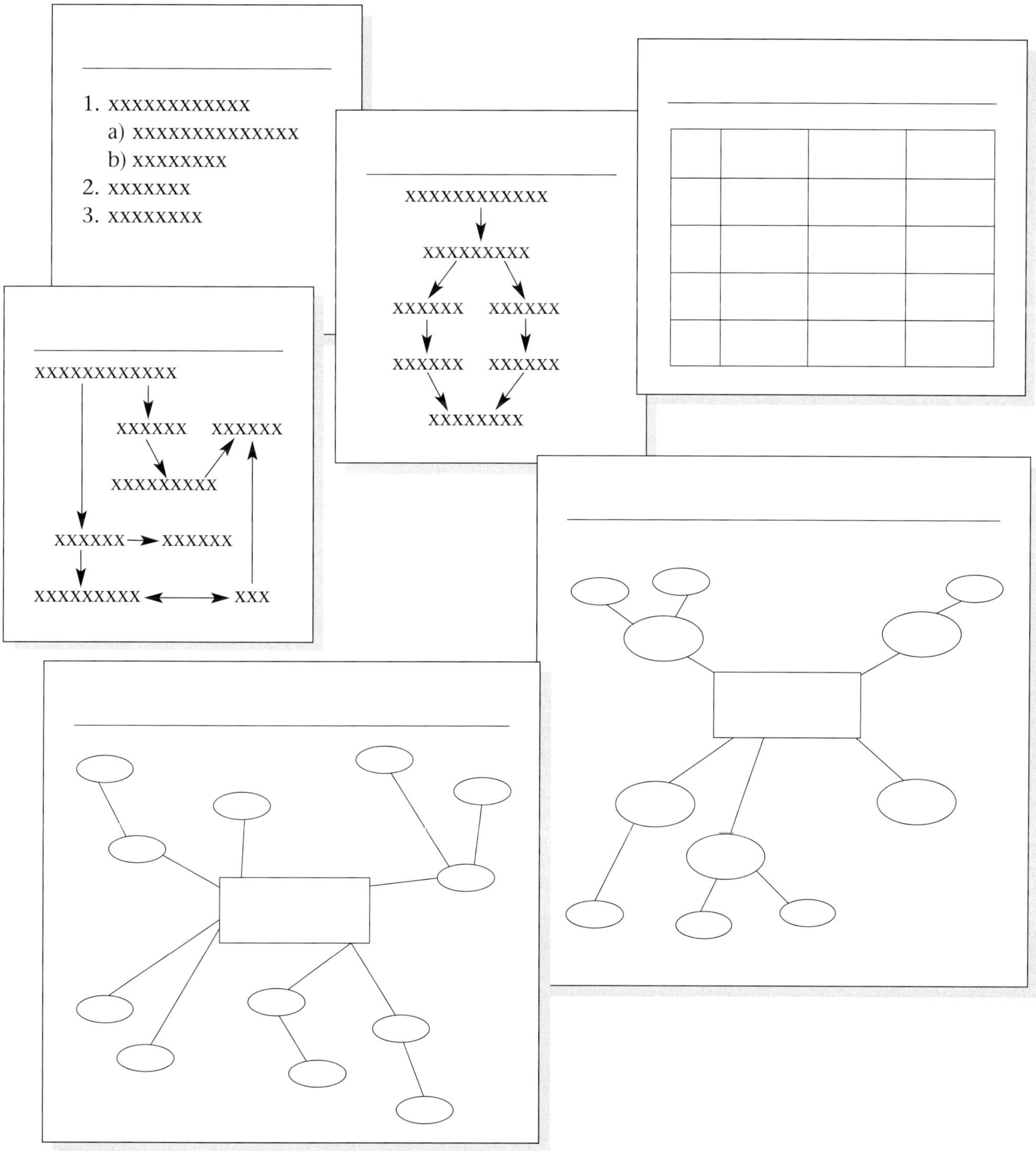

Aufgabe

1. Ordne die Begriffe den Skizzen zu. Schreibe sie als Überschrift auf die vorgegebenen Linien.

- *(gegliederte) Stichwortliste*
- *Tabelle*
- *Flussdiagramm*
- *Strukturdiagramm*
- *Cluster („Bündel")*
- *Mind-Map („Gedanken-Landkarte")*

Fortsetzung auf Seite 20

Fortsetzung von Seite 19

Visualisierung von Textinhalten

Verschiedene Formen – und wie man sie sinnvoll nutzt

Die verschiedenen Formen der Darstellung von Textinhalten haben ihre je eigene Stärke. Allerdings gibt es auch Überschneidungen.

Aufgabe

2. Ordne den Zielen in der linken Spalte eine oder mehrere Darstellungsformen von Textinhalten zu. Trage den richtigen Begriff bzw. die richtigen Begriffe in der rechten Spalte ein.
   Tipp: Die Zahl der Schreibzeilen gibt vor, wie viele Begriffe passen.

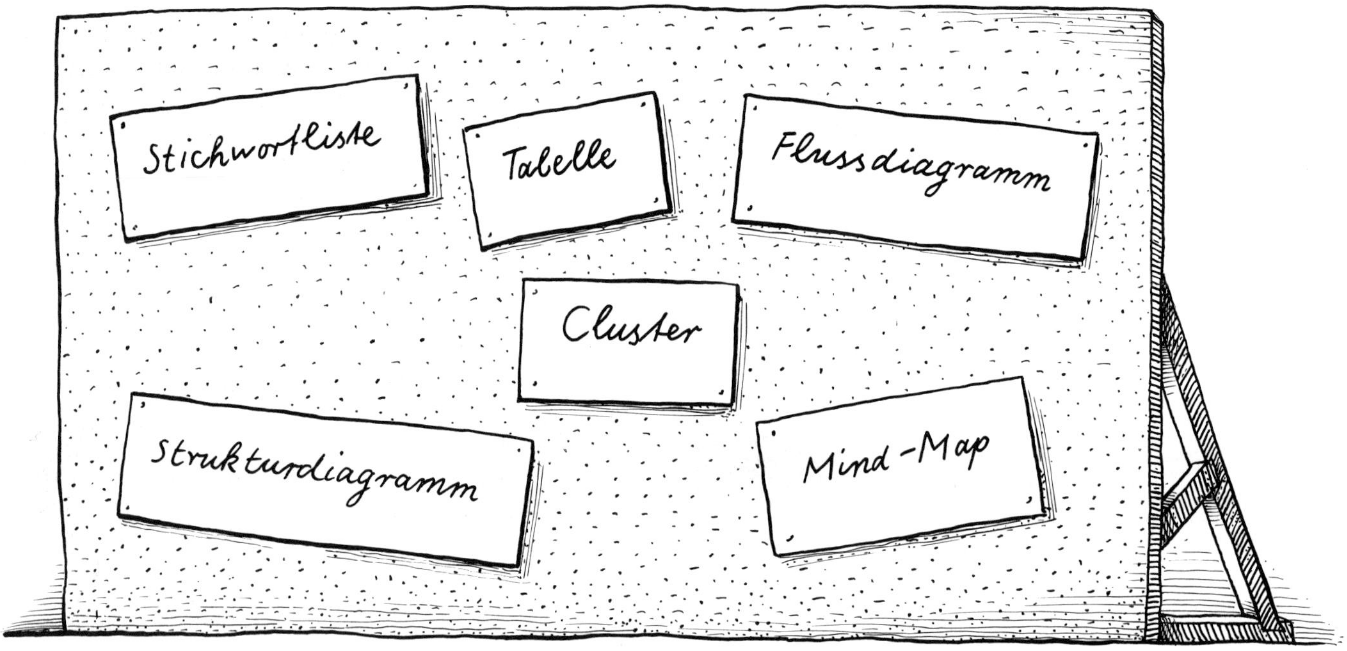

Wenn du vor allem … wiedergeben willst …	… eignet sich besonders:
eine Reihenfolge von Aspekten oder Begriffen	______
eine logische oder chronologische Abfolge	______
Zusammenhänge mit Berücksichtigung von Über- und Unterordnung	______ ______
Zusammenhänge mit Berücksichtigung von Über- und Unterordnung	______ ______ ______
viele Details in übersichtlicher und geordneter („sortierter") Form	______

Man hat nicht immer die Zeit und das Interesse, einen Artikel ganz zu lesen. Manchmal weckt aber eine Überschrift die Neugier auf eine bestimmte Information. Dann richtet sich das Leseinteresse nicht auf den ganzen Text, sondern nur auf diese Information.

Fehlalarm durch Virensoftware

Von Oliver Jendro

Nicht nur Computerviren sind gefährlich. Auch Software, die vor den bösartigen Programmen schützen soll, kann zum Totalverlust der Daten führen.

„Sicher ist sicher", sagen sich viele Anwender und installieren eine Anti-Viren-Software auf ihren Computer. Aus gutem Grund: Tagtäglich hört und liest man, wie gefährlich Computerviren sind, also bösartige Programme, die Daten auf PCs ändern oder löschen sollen. Bisher haben allerdings nur wenige Viren auf heimischen Rechnern größere Schäden angerichtet. Die Hersteller von Virenscannern werden trotzdem nicht müde, die Gefahren durch Viren hervorzuheben. Laut ihnen schützt nur die passende Software zuverlässig vor bösartigen Programmen.

Was die Hersteller gerne verschweigen: Nicht nur die Viren sind eine Gefahr – auch der Einsatz der Virenscanner birgt große Risiken. So berichtet der Servicemitarbeiter einer großen PC-Zeitschrift, dass die meisten Rechner laut Leserbriefen nicht durch Computerviren, sondern durch Virenscanner lahmgelegt werden. Die PC-Zeitschrift wird monatlich mit einer Heft-CD verkauft, die diverse Programme enthält. Obwohl alle Inhalte der Heft-CD von der Redaktion mehrfach auf Viren überprüft werden, hagelt es immer wieder Leserbeschwerden über angebliche Viren auf der CD. Die bei den Lesern installierten Virenscanner finden Monat für Monat verdächtige Programme. Bis jetzt hat sich aber, so der Mitarbeiter, jeder vermeintliche Virenbefall der Heft-CD als falscher Alarm herausgestellt.

Der Grund für die Scanner-Fehlfunktionen: Sie vergleichen den Programmcode jeder Software mit einer internen Datenbank. Dort sind die typischen Muster von Viren gespeichert. Gibt es Übereinstimmungen zwischen der überprüften Software und der Datenbank, schlägt die Anti-Viren-Software Alarm. Das passiert recht häufig, da Viren und harmlose Programme oft gleiche Programmteile verwenden. Ob der Alarm wirklich berechtigt ist, muss der Anwender im Zweifelsfall selbst entscheiden. Viele gehen auf Nummer sicher und löschen den vermeintlich gefährlichen Programmteil. Je nach Konfiguration löscht der Scanner sogar vollautomatisch verdächtige Programme.

Das Resultat: Das auf Viren überprüfte Programm läuft instabil oder startet im schlimmsten Fall auf Grund des gelöschten Programmcodes nicht mehr. Gerade bei unsicheren Computeranwendern verursacht die Anti-Viren-Software den größten Schaden. So erzählt der Servicemitarbeiter der Münchner Redaktion, dass manche Leser nach einem Fehlalarm aus Angst vor Viren ihre komplette Festplatte löschten und dadurch alle Daten verloren. Gerade die Angst vor Viren und der Glaube an die Unfehlbarkeit der Virenscanner ende oft mit Datenverlust, fasst der IT-Experte[1] zusammen.

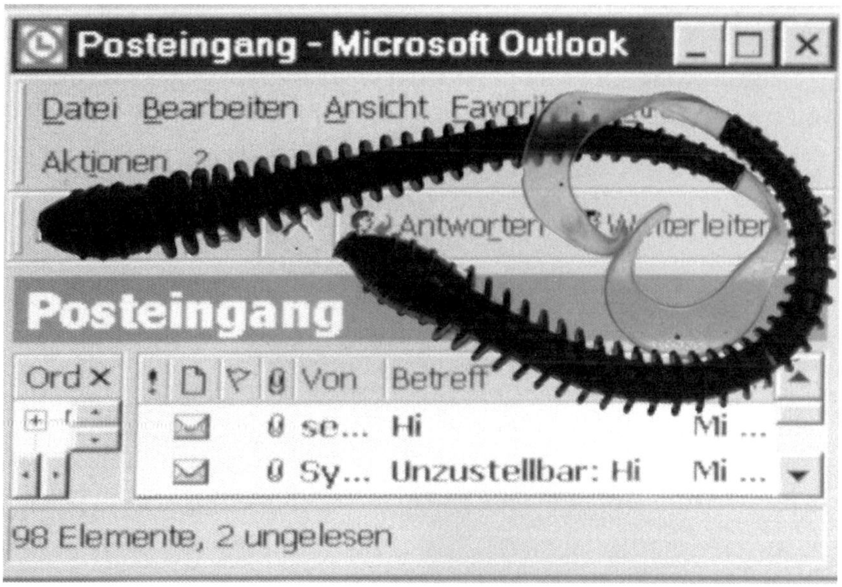

1 IT = Informationstechnologie

Fortsetzung auf Seite 22

Leseinteresse und Lesestrategie

Aufgaben

1. Worauf könnte sich das Leseinteresse bei dem Text „Fehlalarm durch Virensoftware" richten? Die linke Spalte der Tabelle nennt zwei Möglichkeiten. Du kannst vielleicht noch weitere ergänzen.
   - Formuliere in der mittleren Spalte Fragen, die zu dem jeweiligen Leseinteresse passen.
   - Ordne in der rechten Spalte eine geeignete Lesestrategie zu.
   Mögliche Strategien sind das **„überfliegende Lesen"** und das genaue **„aktive Lesen"**.

Leseinteresse	Fragen, die sich aus dem Leseinteresse ergeben	geeignete Lesestrategie
allgemeines Interesse an Computerfragen		
negative Erfahrungen mit Virenscannern		

2. Der Text „Fehlalarm durch Virensoftware" ist die Onlineversion eines Zeitungsartikels. In der Druckfassung steht über dem zweiten Abschnitt die Zwischenüberschrift: **Angeblicher Virenbefall**. Verfasse auch für die anderen drei Abschnitte Überschriften. Beachte dabei, dass die Überschriften so klar formuliert sind, dass sie das Leseinteresse lenken können.
   Gehe so vor:
   - Markiere in den einzelnen Abschnitten Schlüsselwörter.
   - Formuliere dann deine Überschriften.

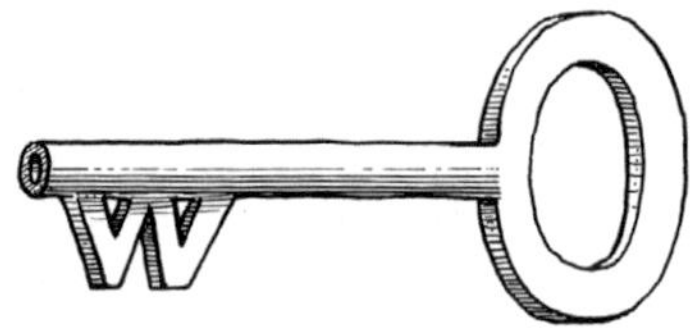

Abschnitt 1: ____________________

____

Abschnitt 3: ____________________

____

Abschnitt 4: ____________________

____

Lesen – Schritt für Schritt

Bei wissenschaftlichen Experimenten in den USA hat sich herausgestellt, dass es sinnvoll ist, beim Lesen von Sachtexten eine bestimmte Folge von Schritten einzuhalten.

Aufgaben

1. Lies die Informationen genau.
2. Wende jeden einzelnen Schritt auf den Text auf Seite 6 an.

Die Schritte	Was du im Einzelnen tun solltest
1. ÜBERFLIEGENDES LESEN: sich einen Überblick verschaffen	Achte auf: Überschriften und Zwischenüberschriften – Hervorhebungen, z. B. durch Fett- oder Kursivdruck – den ersten Abschnitt, der oft einen orientierenden Überblick gibt – den letzten Abschnitt, der oft eine Zusammenfassung enthält
2. FRAGEN an den Text stellen	Mach dir bewusst, was du über das Thema weißt und was du von dem Text erwartest. Stelle dann Fragen, die du nach dem ersten Überfliegen hast: • Worum geht es in dem Text? Das heißt: Was ist sein Thema und welche Aspekte des Themas behandelt er? • Gibt es zwischen den einzelnen Aspekten einen Zusammenhang? Wenn ja: welchen? (zeitlich, räumlich, logisch …)
3. GENAUES LESEN: den Text abschnittweise und aktiv lesen	Lies den Text jetzt sorgfältig und „aktiv" durch, d. h. mit dem Stift in der Hand (oder besser: mit mehreren Stiften). • Kläre zunächst Wörter, die du nicht verstehst. • Markiere die Schlüsselwörter in jedem Abschnitt. • Hebe gegebenenfalls andere wichtige Stellen hervor; verwende dazu verschiedene Farben, verschiedenartige Striche … • Mache Zeichen an den Rand (sog. Marginalien oder Randnotizen): Ausrufezeichen, Fragezeichen, geschlängelte Linien, Stichworte, Abkürzungen … Wichtig ist, dass die Zeichen und Abkürzungen für dich eindeutig sind.
4. ABSCHNITTE ZUSAMMENFASSEN	• Beantworte dir selbst die Frage: Worum geht es in dem Abschnitt? • Fasse die wichtigsten Informationen der einzelnen Sinnabschnitte mit eigenen Worten zusammen (Überschrift, Randnotiz). • Überlege, welche Funktion Bilder und Grafiken haben.
5. ZUSAMMENHANG DER TEILE erfassen	• Überlege, in welchem Zusammenhang die einzelnen Teile des Textes zueinander stehen: Was tragen die einzelnen Sinnabschnitte zur Gesamtaussage des Textes bei? • Visualisiere nach Möglichkeit den Zusammenhang zwischen den Teilaussagen (Strukturdiagramm, Mind-Map, Flussdiagramm). • Überlege: Welche neuen Informationen und Einsichten hat dir der Text vermittelt? Mit dieser Frage verknüpfst du den Text mit deinem Vorwissen.

Filmkritik

Bewertungen durchschauen

! *Eine wertende Besprechung von Büchern, Filmen oder CDs nennt man auch Kritik oder Rezension. Das Wort „Kritik" meint in diesem Zusammenhang nicht von vornherein ein negatives Urteil, sondern wird ganz neutral verwendet.*
*Eine Rezension arbeitet vor allem mit zwei Mitteln: mit **Werturteilen** und mit **auf- und abwertender Wortwahl.***

„Matrix Revolutions"

Von Thomas Krone

[...] Die Regiebrüder Larry und Andy Wachowski hatten sich vom geschäftstüchtigen Produzentenonkel Joel Silver zu Fortsetzungen hinreißen lassen und es war schnell klar: Sie haben dafür nichts Neues zu erzählen und, was wesentlich schlimmer ist, sie haben nichts Neues zu zeigen. Enttäuschung ist programmiert und das ist umso bitterer, weil der dritte Teil an sich aufregend und innovativ[1] hätte werden müssen.

Unaufhaltsam bohren sich die Maschinen auf die unterirdische Stadt Zion zu, wo die letzten Menschen zu einer verzweifelten Verteidigungsschlacht rüsten. Neo liegt derweil in einem Koma, während Trinitys Liebe sich im Selbstopfer erfüllt. Und da ist noch Agent Smith, der sich zwischenzeitlich tausendfach vervielfältigt hat und zielstrebig seiner Vision einer perfekten Welt entgegenstrebt.

Dazu jede Menge Intrigen[2], Gefahren, Verrat und Eifersucht – es mangelt nicht an Konflikten und Konfrontationen für ein gewaltiges Finale. Aber die Wachowskis verlegen sich auf eine Stunde Philosophie-Geschwätz („Niemand kann hinter die Entscheidung blicken, die er nicht versteht") und Rätselstellungen im Stil eines drittklassigen Fantasy-Rollenspiels aus den 80er-Jahren.

Sie vergeuden die wenigen raffinierten Figuren – Lambert Wilsons Merowinger darf mit seiner schamlosen Eloquenz[3] nur in einer einzigen Szene glänzen, Monica Bellucci sagt einen einzigen Satz, Agent Johnson kommt gar nicht mehr vor – und verzetteln sich in Kalenderweisheiten über Plätzchenbacken und hohle Phrasen zum Thema Pflichterfüllung.

Und wenn endlich die Action losgeht, inszenieren sie einen epigonal anmutenden Mensch-gegen-Maschine-Krieg und einen lahmen Zweikampf Neo gegen Smith, bei dem die Superhelden sich prügeln wie in einem Wildwest-Saloon. „Matrix Revolutions" klotzt mit Effekten, aber es fehlt überall an Fantasie. An einer Stelle heißt es: „Dieser Ort ist nirgendwo." Tiefere Bedeutung hat das insofern, als es eine präzise Beschreibung ist, was für ein seelenloses Werk hier der Fangemeinde zugemutet wird.

1 innovativ = erfinderisch (wörtlich: etwas Neues machend)
2 Intrigen = hinterhältige Machenschaften
3 Eloquenz = Beredtheit; Fähigkeit, gut (z. B. flüssig, überzeugend) zu sprechen

Aufgabe

1. Wie bewertet Thomas Krone den Film? Gib sein Urteil mit eigenen Worten wieder.

Fortsetzung auf Seite 25

Fortsetzung von Seite 24

! *Unausgesprochene Maßstäbe*

Jede Bewertung orientiert sich an einem Maßstab – ohne einen solchen Maßstab ist keine Bewertung denkbar. Das muss man beachten, wenn man sich mit einer Bewertung auseinandersetzt. Denn meine Auseinandersetzung – gleichgültig, ob ich der Rezension zustimme oder ihr widerspreche – kann sich dann auch auf die zugrunde gelegten Maßstäbe beziehen, anstatt lediglich Einzelurteile zu untersuchen. Oft wird der Maßstab einer Bewertung aber nicht ausdrücklich genannt, sondern muss erschlossen werden.

Wie kann man unausgesprochene Maßstäbe herausfinden?

Dazu musst du in gewisser Weise verallgemeinern. Du fragst:

- *Was scheint die Verfasserin bzw. der Verfasser grundsätzlich von einem Film (oder auch einem Buch, einer CD usw.) zu erwarten?*
- *Was scheint für sie bzw. ihn besonders wichtig („wertvoll") zu sein?*
- *Welche „Werte" liegen den Werturteilen – ausgesprochen oder unausgesprochen – zugrunde?*

Du lässt also die konkreten Aussagen, die sich nur auf einen einzigen Film beziehen, weg und zurück bleibt der „allgemeine" Maßstab, der einem einzelnen Urteil zugrunde liegt.

Beispiel:

Werturteil:	„Die Ballerei ufert in dem Film dermaßen aus, dass jede vernünftige Handlung dadurch zunichtegemacht wird."
Frage:	Was scheint für den, der eine solche Aussage macht, besonders wichtig zu sein?
Antwort:	Ein Film – auch wenn „Ballerei" in ihm vorkommt – sollte auf jeden Fall eine „vernünftige Handlung" haben; nur „Geballer" ist zu wenig. → Dies ist hier der zugrunde gelegte, aber nicht direkt ausgesprochene Maßstab der Bewertung.

Aufgabe

2. Lies die beiden folgenden Werturteile. Beantworte dann jeweils die Frage.

   a) Werturteil: Die Spezialeffekte sind so neu, dass sich ein Besuch des Films schon deswegen lohnt.

   Frage: *Was scheint für den, der eine solche Aussage macht, besonders wichtig zu sein?*

   Antwort und damit allgemeiner Maßstab der Bewertung:

   ____

   b) Werturteil: Wer sich einfach nur bei rasanter Action ohne Anspruch auf Tiefgang erholen will, für den ist dieser Film genau richtig.

   Frage: *Was scheint für den, der eine solche Aussage macht, besonders wichtig zu sein?*

   Antwort und damit allgemeiner Maßstab der Bewertung:

   ____

Fortsetzung auf Seite 26

Fortsetzung von Seite 25

Aufgaben

3. Suche aus der Rezension des Films „Matrix Revolutions" ein Werturteil heraus und untersuche es nach dem Muster von Aufgabe 2.

   a) Notiere das Werturteil:

   b) Beantworte die Frage:
   Was scheint für den, der eine solche Aussage macht, besonders wichtig zu sein?

4. Setze dich mit dem allgemeinen Maßstab der Bewertung, den du in Aufgabe 3 herausgefunden hast, auseinander. Formuliere Zustimmung oder Widerspruch und füge eine Begründung hinzu.

Beruf: Stewardess

Informationen erarbeiten

Aufgabe

1. Notiere – bevor du den Text liest – Stichworte zu den folgenden Fragen:
   a) Welche Vorstellungen verbindest du mit dem Beruf der Stewardess bzw. des Stewards?

   ____

   ____

   b) Welche Fragen hast du zu diesem Beruf?

   ____

   ____

Fly Society

Heute München, morgen Sydney – in Andreas Job gehören solche exotischen Ortswechsel zum Alltag.

Ruth Kinet über den „Traumjob" Stewardess.

Der Jumbo 747 füllt sich langsam mit den 287 Passagieren, die nach und nach über die Gangway an Bord gehen. Freundlich lächelnde Flugbegleiterinnen in dunkelblauen Uniformen begrüßen die Fluggäste, weisen Sitzplätze zu, helfen beim Verstauen des Handgepäcks, beantworten Fragen, verteilen Zeitschriften an die Oldies und Spielzeug an die Kids. Eine der vier Stewardessen der Crew heißt Andrea. Andrea ist rotblond, sommersprossig, witzig und Münchnerin.

Flug 7328 – München-Sydney: ready for take off! Andrea spricht ihr Sprüchlein: „Alle Passagiere werden gebeten, ihre Plätze einzunehmen, das Rauchen einzustellen und sich anzugurten." Eine andere Stewardess erklärt den Fluggästen, wo sich Schwimmwesten, Sauerstoffmasken und Notausgänge befinden.

„Wir sind vor allem wegen der Sicherheit an Bord." So definiert Andrea ihre Aufgabe. Die meiste Zeit ist sie aber damit beschäftigt, für das psychische und physische Wohlbefinden der Passagiere zu sorgen. „Je länger ein Flug ist, desto mehr Service muss auch geboten werden." Da werden dann Tomates Crevettes als Vorspeise, Kalbsmedaillon in Pilzsoße mit Broccoli als Hauptspeise und Mousse au Chocolat als Dessert serviert. Wenn dann noch Kevin Costner als „Robin Hood" über die Bordleinwand jagt, fehlt den Passagieren nur noch ein „Coco Chanel" oder „Zino Davidoff" aus dem Duty-Free-Shop zu einem Wonneseufzer. All dies und noch viel mehr ist den allgegenwärtigen Bordfeen und -elfen zu verdanken. Sie führen ein im wahrsten Sinne des Wortes bewegtes Leben und sind in der ganzen Welt zu Hause. „Fernweh ist ein sehr wichtiger Punkt bei diesem Job", so Andrea.

„Immer wieder neue Gesichter sehen, interessante Leute treffen", das ist es, was sie mag. Und sie hat schon eine Menge heißer Typen kennen gelernt. Stars und Sternchen wie Götz George, David Hasselhoff, Günther Jauch, Mario Adorf […] und sogar ganze Fußballklubs hat sie schon aus nächster Nähe gesehen und betreut. „Ein bisschen aufgeregt ist man dann schon; aber meistens wollen diese Leute einfach in Ruhe gelassen werden, und man braucht sich nicht mehr um sie zu kümmern als um die anderen Passagiere."

Fortsetzung auf Seite 28

Fortsetzung von Seite 27

Auch innerhalb des Kollegenkreises lernt Andrea ständig neue Leute kennen, da sie selten zweimal hintereinander mit der gleichen Crew in die Luft geht. Versteht sie sich mit einem Kollegen besonders gut, kann sie beantragen, dass das beim Aufstellen des nächsten Dienstplans berücksichtigt wird. Das Arbeitsklima in der Crew ist sogar so gut, „dass man sich nach dem Flug oft noch trifft und etwas gemeinsam unternimmt". Was die privaten Freunde angeht, hat Andrea nach und nach lernen müssen, dass man sich sehr intensiv um seine Freunde kümmern muss, wenn man ein so unregelmäßiges Leben führt. Es ist für Andrea sehr wichtig, „ihre gewohnte Umgebung zu haben", wenn ihr „Monatspattern" (Einsatzplan) mal ein bisschen „Ruhezeit" erlaubt. Ihr „Kernfreundeskreis ist geblieben", weil die Stewardess sich ins Zeug legt, ihre Freunde möglichst häufig treffen zu können. Damit das klappt, sagt sie, „musst du halt oft ziemlich weit vorausplanen".

Briefing, Emergency, Purser: Wenn Andrea von ihrem Beruf spricht, wimmelt es nur so von solchen Ausdrücken, die zum alltäglichen Wortschatz gehören, wenn man erst mal im „Business" drin ist. Wie aber kommt man da rein? Bei Andrea war's Zufall: „Ich hab mal im Radio ein Interview mit einer Stewardess gehört." Das hat sie so begeistert, dass sie sich nach Abschluss ihres Studiums der italienischen Literaturwissenschaft bei Lufthansa für einen Ausbildungsplatz bewarb. Einige Monate später wurde sie dann erst einmal zu einem Auswahltest eingeladen, der sich in einen Sprach-, einen Psychotest und eine medizinische Untersuchung auf Flugtauglichkeit aufgliedert. Wer sich zu diesem Test anmeldet, braucht nicht, wie man dies fälschlicherweise oft erzählen hört, von engelsgleicher Schönheit zu sein. Weit gefehlt! Sogar Brillenträger bekommen in der Luft eine Chance! Auch diejenigen, die Plomben in den Zähnen haben, werden keineswegs als Gefahr für die Sicherheit der Passagiere betrachtet. Allerdings sollten Flugbegleiter die Mindestgröße von 1,60 m nicht unter- und die Maximalgröße von 1,93 m nicht überschreiten. Darüber hinaus sollte die Leibesfülle des Stewards/der Stewardess sich nicht negativ auf den Bewegungsapparat auswirken.

Wer all diese Hürden genommen hat, wird zu einem siebenwöchigen Ausbildungskurs eingeladen. Erst gibt's „Service-Schulung" (sechs Wochen), dann „Emergency-Schulung" (eine Woche). Zum unerlässlichen Steward/-essen-Know-how gehört unter anderem eine sichere Kenntnis der Ladungsvorschriften, Papierkram wie Abwicklung von Zollformalitäten und natürlich einwandfreie Manieren – der Bordknigge lässt grüßen. Außerdem: Wie ein Kabinenbrand zu löschen ist, welche Sicherheitsvorkehrungen in der Luft zu treffen sind und wie man mit Sauerstoffflaschen umgeht.

Rein theoretisch könnte es jetzt losgehen mit dem Wolkenkratzen, aber Andrea belehrt uns eines Besseren: „Additional-Co-Number-Umlauf" ist angesagt! Dieses Zauberwort bedeutet einfach, dass die Azubis den „alten Flughasen" eine Zeit lang bei der Arbeit über die Schulter schauen. Sie übernehmen jedoch noch keine Verantwortung.

Kalbsmedaillon und Kevin Costner: Nachdem Andrea ein halbes Jahr lang nur Kurzstrecken innerhalb Europas geflogen war, ließ sie sich dann auf Langstreckenflüge umschulen. Ob Andrea in einer kleinen Boeing 737 von München nach Frankfurt oder einem Jumbo 747 von München nach Sydney fliegt, sind zwei Paar Stiefel: Die Notfallvorsorge wird komplexer, die Abfertigung der Ladung komplizierter, die Betreuung der Passagiere umfangreicher. Womit wir wieder bei Kalbsmedaillon und Kevin Costner wären. Ach, und überhaupt, Sydney ist in Sicht! Andrea flötet durch das Mikro: „Sehr verehrte Damen und Herren, in wenigen Minuten landen wir auf Sydney-Airport. Bitte stellen Sie das Rauchen ein und legen Sie die Sicherheitsgurte an. Die Crew verabschiedet sich von Ihnen und wünscht Ihnen einen angenehmen Aufenthalt!" Uff! Das war's – der Marathon-Flug ist gelaufen. Und so ein bisschen Bodenkontakt tut Andrea nach 24 Stunden in der Luft auch wieder ganz gut.

Fortsetzung auf Seite 29

Fortsetzung von Seite 28

Beruf: Stewardess

Informationen erarbeiten

! *Wenn du Informationen suchst, musst du zuerst überlegen, was du genau wissen willst. Dazu stellst du am besten gezielt Fragen, die du in einem Fragenstern festhalten kannst.*

Aufgaben

2. Welche Informationen brauchst du, um den richtigen Beruf für dich zu finden?
   Ergänze den folgenden Fragenstern.

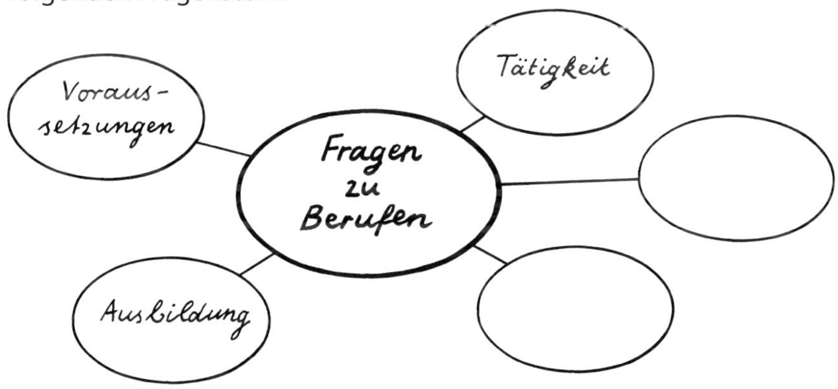

! *Ein Fragenstern lässt sich besser ergänzen als eine Stichwortliste. Du kannst z. B. zu einem bestimmten Aspekt weitere Unterpunkte anfügen. Der Fragenstern entwickelt sich so zu einer Mind-Map.*

3. Ergänze den Fragenstern zum Aspekt „Ausbildung" mit weiteren Unterpunkten.

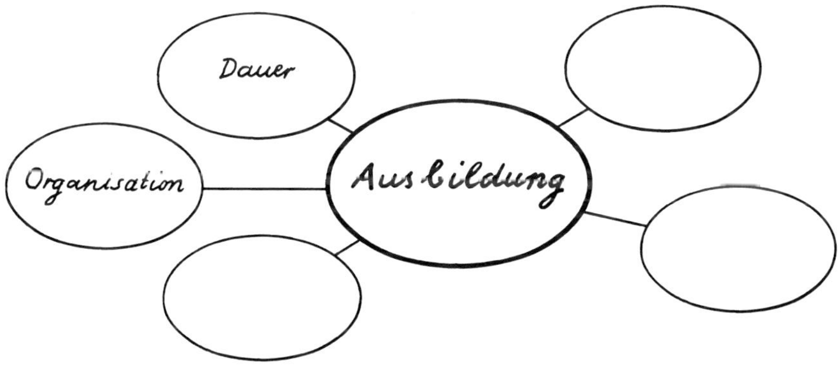

4. Markiere Textstellen, die etwas zu den verschiedenen Aspekten deines Fragensterns aussagen.

5. Lies noch einmal die Stichworte, die du in Aufgabe 1 b) notiert hast. Streiche dann die Fragen durch, die im Text beantwortet werden.

6. Fülle die Tabelle aus. Notiere Stichworte.

Fragen, die …		
nur *teilweise* beantwortet werden	***gar nicht* beantwortet werden**	**Neue Fragen**

Fortsetzung auf Seite 30

Fortsetzung von Seite 29

Beruf: Stewardess

Informationen erarbeiten

Der Text „Fly Society" liefert keine sachlich nüchterne Darstellung, wie man sie in den „Blättern zur Berufskunde" der Arbeitsämter erwartet. Er stammt aus einer Jugendzeitschrift und soll jugendliche Leserinnen und Leser ansprechen. Journalistinnen und Journalisten haben dafür besondere Strategien – inhaltliche wie sprachliche.

Aufgaben

7. Suche aus dem Text drei Beispiele für einen eher „lockeren" Schreibstil heraus und notiere sie.

8. Welche inhaltliche Strategie wählt die Verfasserin, um ihre jugendlichen Leser zu gewinnen? Kreuze die Strategie an, die am stärksten ausgeprägt ist.

- ☐ genaue Erklärung der Ausbildung
- ☐ „Personalisierung" der Darstellung, d. h. Vorstellung einer Sache am Beispiel einer Person
- ☐ Ausschmückung von Nebensächlichkeiten und Gags
- ☐ Betonung von Action und Fun

9. Dieser Text ist schon ein wenig älter. Das erkennt man z. B. daran, dass im Flugzeug geraucht werden darf, was jedoch nur noch selten gestattet ist. Trage passende Stichworte in die Tabelle ein.

Was sich nicht geändert haben dürfte	**Was sich geändert haben könnte**

10. In dem Text kommen mehrere berufsbezogene Fachbegriffe vor, die nicht erklärt werden. Markiere diese Begriffe und schlage sie nach.

Event-Manager

Sich über einen Beruf informieren – Informationen aus mehreren Texten zusammenstellen

Aufgabe

1. Welche Fragen hast du zum Beruf des Event-Managers? Notiere sie.

① Schulung für Event-Manager

„Event-Manager“ klingt gut als Berufsbezeichnung, sagt aber nicht viel über die Qualität einer Aus- oder Weiterbildung aus. Genau das wird jedoch immer wichtiger bei den so genannten „Modeberufen“, wozu der Event- bzw. Veranstaltungs-Manager gezählt werden kann, geht man von der Zahl der Interessenten aus.

Quereinsteiger, für die in der schnelllebigen Veranstaltungsbranche wenig Zeit zur Einarbeitung bleibt und denen oft eine solide Grundlage für die wechselnden Projekte und deren Anforderungen fehlt, haben es schwer, sich auf Dauer am Arbeitsplatz zu etablieren. Aus diesen Gründen sind anerkannte Qualifikationen für den Berufseinstieg wie für die berufliche Karriere, aber auch für das „nackte Überleben“ in der Branche von wachsender Bedeutung.

Für Beschäftigte mit Berufspraxis, aber ohne (branchenspezifischen) Berufsabschluss gibt es neuerdings die Qualifizierung als „Event-Manager/-in“, angelehnt an die Prüfungsvorbereitung zum Veranstaltungskaufmann. Teilnehmern werden komplexes Eventmanagement sowie kaufmännische und rechtliche Grundlagen vermittelt. Praxiserfahrung vorausgesetzt, ist die Abschlussprüfung „Veranstaltungskaufmann/-frau“ vor der IHK[1] möglich. [...]

1 IHK = Industrie- und Handelskammer

② Jugendliche mit „JEM“ in Event- und Medienberufe

Es ist nicht einfach, sich nach der Schule für einen Beruf zu entscheiden und dann noch einen Ausbildungsplatz zu finden. Viele Ausbildungsabbrüche könnten vermieden werden, wenn Jugendliche konkretere Vorstellungen von den beruflichen Tätigkeiten hätten. Wer sich für einen der neuen Berufe in der Event- und Medienbranche interessiert und in diesem Jahr keinen Ausbildungplatz gefunden hat, sollte es mal mit „JEM“ versuchen.

Dieser sechs Monate dauernde Lehrgang (Jugendliche in die Event- und Medienberufe = JEM) beginnt im Herbst und bereitet auf die Berufe Veranstaltungskaufmann/-frau und Kaufmann/-frau für audiovisuelle Medien vor. Zum Abschluss gibt es ein Zertifikat des Bildungsträgers.

Es werden Aufgabengebiete und Arbeitsweisen der Event- und Medienbranche sowie grundlegende Kenntnisse im kaufmännischen Bereich, Deutsch und Schriftverkehr, EDV und soziale Kompetenz vermittelt. Alle Lernfelder werden handlungsorientiert (in Kombination von Theorie und Praxis) unterrichtet. Im Anschluss an den Lehrgang kann vom Bildungsträger ein betriebliches Praktikum vermittelt werden.

Fortsetzung auf Seite 32

Fortsetzung von Seite 31

③ Events scharf kalkulieren

Alltag von „Veranstaltungskaufleuten" eher unspektakulär

Es gibt alte, aber auch neue Berufe, die Schulabgänger immer besonders zu faszinieren scheinen. An der meist großen Zahl von Bewerbern um nur wenige Ausbildungsplätze kann man „Trendberufe" unschwer erkennen. Dazu zählen beispielsweise „Mediengestalter", Werbekaufleute sowie Kaufleute für audiovisuelle Medien. Ob diese Tätigkeiten am Arbeitsmarkt Chancen bieten, wird dabei selten gefragt. Zu diesen Berufen zählt auch der noch junge Beruf „Veranstaltungskaufmann/-frau".

Vom beruflichen Alltag solcher Beschäftigten ist Jugendlichen meist nur wenig bekannt. Dass die Arbeitszeiten sich nach Kunden und Aufträgen richten müssen und die Arbeit meist weniger spektakulär ist als angenommen, merken viele Berufsanfänger erst, wenn sie ihre Ausbildung absolvieren. Abend- und Wochenendtermine gehören zur Tagesordnung, regelmäßige Freizeit ist unbekannt.

Auch die Idee, dass man Stars und Sternchen, die bei Veranstaltungen auftreten, vielleicht kennen lernen könnte, erweist sich in den meisten Fällen als unerfüllbarer Wunsch. Meist werden Verträge über Agenten ausgehandelt. Schreibtisch, PC und Telefon sind Hauptarbeitsort und -gerät der Kaufleute, ob sie nun Industriegüter vermarkten oder „Events" planen und verkaufen.

Einige Monate lang arbeitet ein Azubi, der den Beruf Veranstaltungskaufmann erlernen will, mit anderen Mitarbeitern der planenden Eventagentur beispielsweise an der nur einen Tag dauernden Messe für Studierende und Absolventen Ende Mai in einem Kölner Hotel.
Den Anfang macht die Buchung von Veranstaltungsorten (telefonische Informationsbeschaffung über Größe, Lage und Kosten der „Location" bis hin zur Besichtigung vor Ort und der eigentlichen Buchung). Danach wird das „Catering" (die Verpflegung) gebucht (Kalkulation des benötigten Caterings, Anfragen bei den Caterern vor Ort, Verhandlung mit diesen und schließlich Bestellung).

Für die eigentliche Veranstaltung müssen Standpläne erstellt werden. Die gebuchten Quadratmeter wie auch das Material werden erfasst und mit den Raumplänen des Veranstaltungsortes abgeglichen. Anschließend werden die Stände unter Berücksichtigung von Fluchtwegen und räumlichen Eigenarten (wie z. B. tragende Säulen) platziert.

Für die teilnehmenden Aussteller werden Welcome-Mailings erstellt, Auf- und Abbauzeiten, Anlieferungsdaten, Anfahrtsskizzen und Vortragspläne für die Kunden werden zusammengefasst. Auch das Projektmanagement vor Ort, also Ausmessen der Halle, Verlegen von Teppich, Aufbau der Messewände, Bereitstellung des Mobiliars sowie im Anschluss an das Event der Abbau werden überwacht. Zu den wichtigsten Arbeiten gehört für fertige Veranstaltungskaufleute Kalkulieren, Abrechnen und Planen.

Fortsetzung auf Seite 33

④ Qualifikation für Medien- und Eventbranche

Seit fünf Jahren existiert der anerkannte Berufsabschluss „Kaufmann/-frau für audiovisuelle Medien" (IHK). Dieser Abschluss qualifiziert insbesondere für kaufmännisch-organisatorische Tätigkeiten im Film-, Fernseh- und Videoproduktionsbereich sowie für die Musik-, Radio- und Kinobranche. Seit 2001 gibt es den Beruf Veranstaltungskaufmann/-frau. Veranstaltungskaufleute planen, organisieren und führen Events verschiedener Art durch und müssen sie nachbereiten. Sie erstellen Konzepte und vermarkten diese. Für beide Berufe gibt es Vollzeitlehrgänge als Umschulung, die ca. 22 Monate (inkl. 6–8 Monate Praktikum) dauern und z. B. für Studienabbrecher interessant sind sowie für Arbeitslose ohne Berufsabschluss oder für Teilnehmer, die aus gesundheitlichen Gründen ihren Beruf wechseln müssen.

Für Beschäftigte im Medienbereich oder Veranstaltungsbereich, die (wie viele Quereinsteiger) keinen Berufsabschluss haben, gibt es die Möglichkeit, sich berufsbegleitend auf die IHK-Prüfung vorbereiten zu lassen. […]

Aufgabe

2. Fülle einen Fragenstern zum Thema „Beruf" aus.
Überlege dabei, was du wissen willst, bevor du dich für einen Beruf entscheidest.

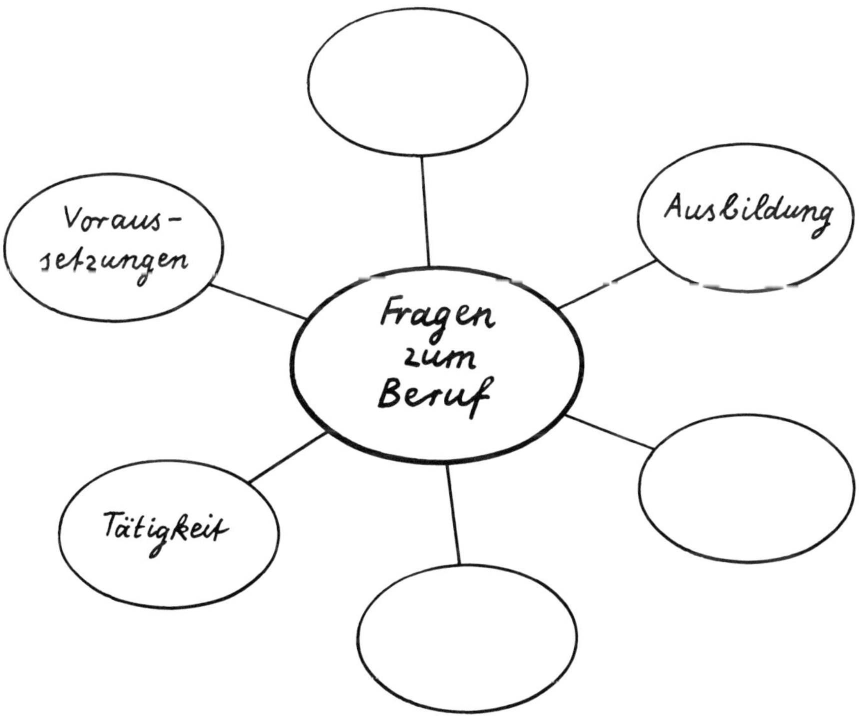

Fortsetzung auf Seite 34

Fortsetzung von Seite 33

Textabsicht und Leseinteresse

Info-Texte überfliegen und auf ihre Brauchbarkeit prüfen

Nicht jeder Text, der ein Thema behandelt, das dich interessiert, passt auch genau zu deinem Leseinteresse. Es könnte zum Beispiel sein, dass ein Text zu deinem Traumberuf eher die Fortbildungsmöglichkeiten darstellt und weniger Informationen für einen Berufsanfänger bietet.
Die Verfasserin bzw. der Verfasser eines Textes hat immer bestimmte Adressaten vor Augen, für deren Interessen er schreibt. Wenn du Texte zu einem interessanten Thema gefunden hast, musst du sie also zunächst einmal auf ihre Brauchbarkeit hin überprüfen. Dazu genügt es, die Texte zu überfliegen. Deine Fragen solltest du dabei aber schon im Hinterkopf haben.

Aufgaben

1. Überfliege die Texte über den Event-Manager (S. 31–33) und beurteile ihre Brauchbarkeit für Berufsanfänger/-innen.

2. Lies die Texte nun „aktiv". Markiere die Stellen, die auf bestimmte Adressaten hinweisen.

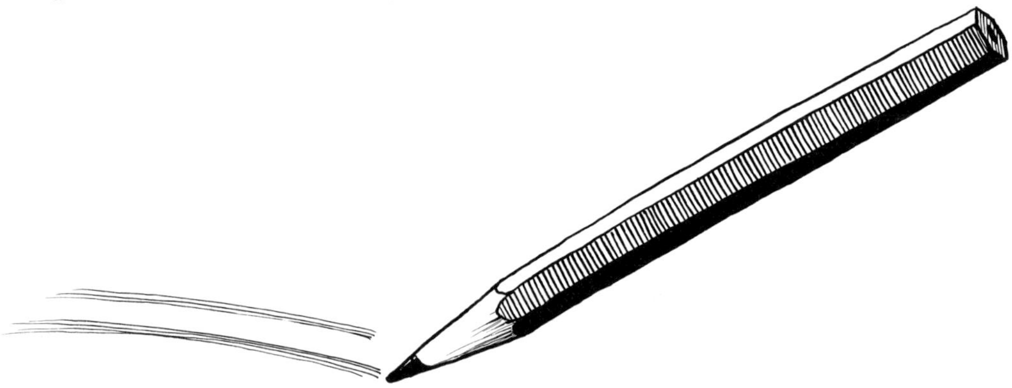

3. Trage deine Ergebnisse aus Aufgabe 1 und 2 in Stichworten in die Tabelle ein.

	Besonders brauchbar/ brauchbar/ weniger brauchbar/ unbrauchbar	Begründung in Stichworten	Stellen, die auf den Adressaten hinweisen
Text ①			
Text ②			
Text ③			
Text ④			

Fortsetzung auf Seite 35

Fortsetzung von Seite 34

Den Informationsgehalt erschließen

Den Fragenstern anwenden

! *Mit dem Fragenstern kannst du Texte gezielt auswerten.*

Aufgaben

1. Untersuche die Texte (S. 31–33) mit Hilfe des Fragensterns (S. 33) genauer. Finde heraus, welche Informationen die Texte zu den einzelnen Aspekten des Fragensterns enthalten.

2. Ergänze die Kopfzeile der Tabelle und fülle die Tabelle dann mit Hilfe von Aufgabe 1 aus.

Voraussetzungen	Ausbildung	Tätigkeit		

! *Auch gute Texte lassen manchmal Fragen offen. Diese* ***offenen Fragen*** *solltest du dir auf jeden Fall notieren, damit du gezielt weitersuchen kannst, wenn dich ein Beruf (oder ein anderer Gegenstand) wirklich interessiert.*

3. Notiere Fragen, die zu dem Beruf einer Veranstaltungskauffrau bzw. eines Veranstaltungskaufmanns offengeblieben sind.

Fortsetzung auf Seite 36

Fortsetzung von Seite 35

Wie Wörter wirken

Reizende Wörter

Die Zahl der Berufe ist heute nicht mehr überschaubar. Außerdem fehlen oft wichtige Informationen dazu, welche konkrete Tätigkeit sich hinter einer Berufsbezeichnung verbirgt. Wer eine Ausbildung beginnen möchte, ist daher oft ratlos. Dann kann es vorkommen, dass man sich von Begriffen leiten oder auch verführen lässt, die einen besonderen Reiz ausüben.

Aufgaben

1. Event-Manager/-in oder Veranstaltungskaufmann/-frau? Welche Vorstellungen und Erwartungen lösen diese beiden Berufsbezeichnungen bei dir aus? Schreibe auf die vorgegebenen Zeilen.

Event-Manager/
Event-Managerin

Veranstaltungskaufmann/
Veranstaltungskauffrau

2. Versuche zu erklären, wodurch deine Vorstellungen in Aufgabe 1 ausgelöst wurden.

Event-Manager/
Event-Managerin

Veranstaltungskaufmann/
Veranstaltungskauffrau

MPA/Turm der Zukunft

Einen Sachtext durch eine Grafik erschließen

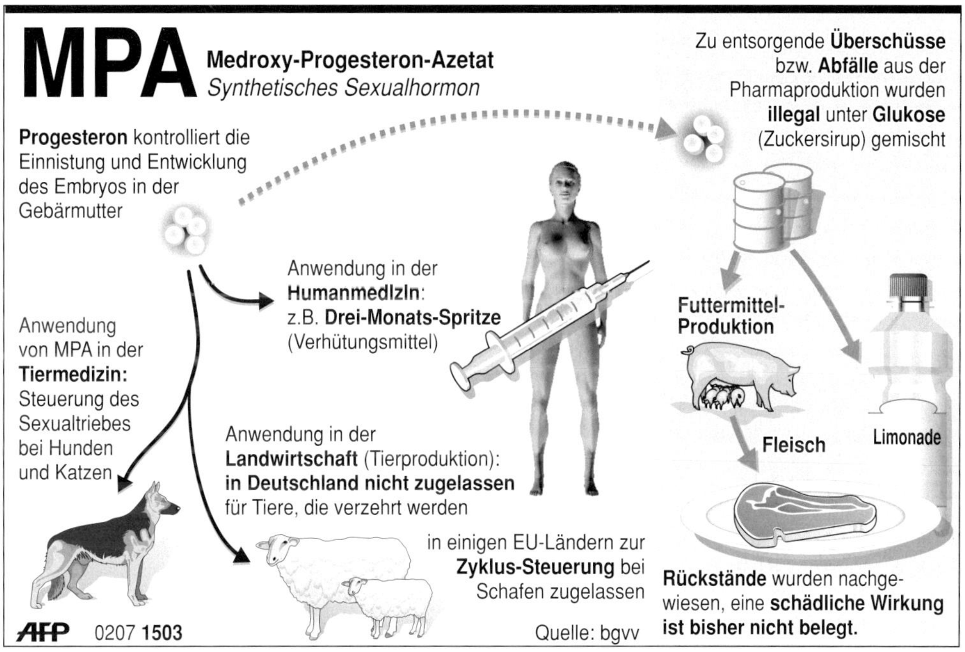

Diese Grafik wurde ursprünglich mit zwei Artikeln abgedruckt, die sich mit einem „Skandal um hormonhaltige Futtermittel" befassen. MPA ist ein künstliches Hormon.

Aufgaben

1. Welche Art der Grafik liegt hier vor?

   Erklärgrafik – topografische Grafik (Topografik) – numerische Grafik

   Schreibe auf die Linie.

   ____

2. Begründe deine Meinung in zwei Schritten.
   a) Erläutere zunächst allgemein die Art der Grafik, der du das Beispiel zugeordnet hast.

   ____

   ____

   ____

   b) Zeige dann am konkreten Beispiel, dass diese Art der Grafik hier vorliegt.

   ____

   ____

   ____

Fortsetzung auf Seite 38

Fortsetzung von Seite 37

Einen Sachtext durch eine Grafik erschließen

Aufgabe

3. Konzipiere nun zu dem Text „Ein Turm für alle Fälle" selbst eine Erklärgrafik.
   a) Notiere in Stichworten, welche Zusammenhänge du grafisch darstellen könntest.

   ____

   ____

   ____

   b) Verfasse – aus der Sicht eines Redakteurs – einen Wunsch an den Grafiker einer Zeitung. Sage ihm möglichst genau, was die Grafik zeigen soll.

Ein Turm für alle Fälle

VON WALTER SCHMIDT

Lösung für ein Lieferproblem: Oft sind die Auftraggeber nicht zu Hause, wenn der Bote kommt.

Dortmund – Schon bald werden die Deutschen auch frische Ware übers Internet bestellen, da ist Markus Gröblinghoff, der Geschäftsführer von Konze-Home-Service in Dortmund, sicher. Er leitet die Lebensmittel-Liefer-Firma, bei der man per Internet aus einem Vollsortiment auswählen kann; aber er ist nicht sicher, „ob die Kunden schon reif sind für die Lagerturm-Idee". So ein Lagerturm für im Internet bestellte Ware steht auf dem Gelände des Dortmunder Technologiezentrums – und wurde gestern auf der Cebit in Hannover präsentiert. Er ist vier Meter dick, zehn Meter hoch und fasst 200 Standardbehälter, kostet 750 000 Euro – und heißt „Tower 24". Der Turm ragt vier Meter tief in die Erde – und nutzt „die Isolation durch das umgebende Erdreich", sagt Anke Jaspers vom Fraunhofer-Institut für Materialfluss und Logistik (IML) in Dortmund, das den Tower 24 entwickelt hat. Eier, Butter, Bücher oder eine CD – alles kann dort schadlos lagern, bis der Besteller über E-Mail oder SMS informiert wurde und die Ware abholt. Bezahlen kann man Ware und Zustellgebühr mit EC-Karte direkt am Turm oder per Rechnung.
Die Idee hinter dem Projekt leuchtet ein: Selbst wenn der Postmann mit dem ersehnten Päckchen in der Hand zweimal klingelt, macht oft keiner auf. Alleinstehende sind tagsüber im Büro, Nachbarn können nicht immer aushelfen. „Jeder, der schon mal ein Paket bestellt hat, hasst nichts mehr als das", sagt Thomas Bone vom Fraunhofer IML. Auch deshalb hat das IML den Lagerturm erfunden.

Solche Abholsysteme liegen im Trend, denn der Onlinehandel nimmt rapide zu. Im Jahr 2002 wurden in Deutschland über 1,5 Milliarden Standard- und Expresspakete ausgeliefert. „Die Innenstädte sind jetzt schon verstopft", sagt Thomas Bone, und der Lieferverkehr werde deutlich zunehmen, weil der Internethandel die Warensendungen immer kleinteiliger werden lasse. Schon wegen einer CD legen Lieferwagen Kilometer zurück. Die Kosten für die „letzte Meile" zwischen Warenverteiler und Kunde mache über die Hälfte der Lieferkosten aus. Für die Lieferanten bringe der Lagerturm deshalb einen beträchtlichen Vorteil. Obendrein vermeidet der Turm Verkehr, sofern er klug postiert wird – an Ausfallstraßen, Verkehrsknotenpunkten oder dort, wo viele Menschen arbeiten. Wohlwollend steht der Deutsche Städtetag in Berlin dem Tower 24 gegenüber. „Der stark wachsende Zustellverkehr belastet die Bewohner der Innenstädte", sagt Oliver Mietzsch vom Städtetag.

Die Dortmunder sehen sich mit ihrer Idee nicht im Wettbewerb mit alternativen Projekten wie den in Frankfurt, Mainz und Dortmund viel versprechend erprobten Packstationen der Deutschen Post. Interesse an dem Projekt haben bereits Paris, London und Los Angeles angemeldet. Wenn die Dortmunder Testkäufer am Ende ein positives Urteil fällen, könnte der Lagerturm in Serie gehen.

Die Finanzen der Bundesliga

Text und Tabelle

Es wird gespart – die Schulden steigen weiter

Die höchste Spielklasse drücken insgesamt 682 Millionen Euro Verbindlichkeiten. Wenig Bewegung am Transfermarkt, viel Zulauf am Dauerkartenhäuschen.

Köln – Die 18 Klubs der ersten Bundesliga haben vor der Saison 2003/04 nur 32,5 Millionen Euro für neue Spieler ausgegeben. Im Vorjahr waren es noch 105 Millionen. Allerdings könnte sich diese Bilanz noch stark verändern, wenn Bayern München den Wechsel von Roy Makaay erfolgreich über die Bühne bringt. Von den bisherigen Transfers entfielen nur 23 der 115 Wechsel auf vertraglich gebundene Spieler, für die eine Ablösesumme fällig wurde. Allerdings können ablösefreie Wechsel nicht mit null gebucht werden. Es sitzt nur einer weniger am Verhandlungstisch – der abgebende Klub. Spieler und Berater kassieren „signing fees"[1] und andere Extras allein.

Der Schuldenstand der ersten Liga stieg auf 682 Millionen Euro. Trotz der Zurückhaltung bei den Transfers wuchs der Gesamtetat aller Klubs um sechs Millionen auf 596,2 Millionen Euro an. Dies wird darauf zurückgeführt, dass die Aufsteiger Köln, Frankfurt und Freiburg etwas finanzkräftiger sind als die letztjährigen Absteiger Bielefeld, Nürnberg und Cottbus. Durch den Einbruch bei den TV-Einnahmen um rund ein Drittel bekommen die Eintrittsgelder wieder einen höheren Stellenwert in der Budgetplanung. Mit 322 000 verkauften Dauerkarten wurde eine Rekordmarke erzielt. Borussia Dortmund wird mit knapp 50 000 die meisten Dauerkarten absetzen. Schlusslicht ist Hansa Rostock (4 500).

Auch in der zweiten Liga wird gespart. Die 18 Klubs planen für die nächste Saison mit einem Gesamtetat von 121 Millionen Euro, neun Millionen weniger als 2002/03. Das höchste Budget hat Erstliga-Absteiger Arminia Bielefeld (11 Millionen). Rot-Weiß Oberhausen muss mit dem wenigsten Geld (4,3 Millionen) auskommen.

1 signing fees = Unterzeichnungsgebühren

Bundesliga in Zahlen

* in Klammern: Vorjahr	Jahresetat* (Mio. Euro)		Dauerkarten*		Transferausgaben
Bayern München	60	(62)	21 500	(22 000)	7 Mio.
VfB Stuttgart	39	(35,5)	14 000	(9200)	keine
Borussia Dortmund	50	(51)	49 000	(45 000)	1,25 Mio.
Hamburger SV	23	(28)	24 000	(23 600)	1,25 Mio.
Hertha BSC	49,2	(45,7)	17 500	(24 000)	keine
Werder Bremen	32	(40)	18 500	(20 500)	keine
Schalke 04	40	(44)	42 100	(41 800)	2,2 Mio.
VfL Wolfsburg	48	(40)	7 500	(7 500)	12,7 Mio.
VfL Bochum	24	(23)	6 000	(6 000)	750 000
1860 München	23	(29)	10 200	(12 600)	645 000
Hannover 96	25	(25)	16 000	(14 000)	2,1 Mio.
Borussia M'gladbach	23,5	(23,5)	18 300	(13 200)	2 Mio.
Hansa Rostock	24,5	(26)	4 550	(5 300)	270 000
1. FC Kaiserslautern	23	(23)	23 000	(26 500)	2 Mio.
Bayer 04 Leverkusen	30	(38,5)	16 500	(16 500)	300 000
SC Freiburg	24	(12)	18 500	(17 000)	keine
1. FC Köln	34	(20)	20 000	(11 500)	keine
Eintracht Frankfurt	24	(12)	10 000	(6 000)	125 000

Fortsetzung auf Seite 40

Fortsetzung von Seite 39

Die Finanzen der Bundesliga

Text und Tabelle

Aufgaben

1. In der letzten Spalte der Tabelle findest du fünfmal die Angabe „keine". Suche im Text die Stelle, die sich mit den Transferausgaben befasst, und überprüfe die Genauigkeit dieser Angabe. Kreuze an und begründe.

Die Angabe in der Tabelle ist ☐ genau.
☐ ungenau.

Die Angabe in der Tabelle ist ____________________, weil ______________________________

____

____

____

____

2. Im Text findest du folgende Aussage:
„Durch den Einbruch bei den TV-Einnahmen um rund ein Drittel bekommen die Eintrittsgelder wieder einen höheren Stellenwert in der Budgetplanung."
Zeige an der Tabelle, für welche Vereine diese Entwicklung gegenüber dem Vorjahr positiv oder negativ ist.

3. Im letzten Textabschnitt findest du Angaben zur **zweiten Liga.**
Übertrage diese Angaben in die Tabelle.
Markiere Stellen, die du offen lassen musst, durch ein Fragezeichen.

Verein	Jahresetat (Mio. Euro)	Dauerkarten	Transferausgaben
2. Liga gesamt			

4. Welche der Angaben, die du offen lassen musstest, wären besonders wichtig, um die finanzielle Situation der Vereine realistisch einschätzen zu können? Begründe in Stichworten.

Wichtige Angabe: ____

Begründung: ____

____

____

____

Die olympischen Ringe

Überfliegendes Lesen und genaues Lesen – je nach Leseinteresse

Wenn du bestimmte Informationen suchst, konzentrierst du dich auf bestimmte Textsignale. Diese Textsignale findest du oft schon bei einem überfliegenden Lesen.

Aufgaben

1. Lies die drei Fragen in der linken Tabellenspalte und überlege, auf welche Textsignale du achten musst. Schreibe in die rechte Spalte.

Du suchst diese Information:	vermutliches Textsignal:
Wer kam auf die Idee mit den Ringen?	Namen
Um welche Farben handelt es sich?	
Was bedeuten die Farben?	

2. Überfliege die Texte und markiere die Stellen, die eine Antwort auf die Fragen in Aufgabe 1 geben.

①
Aber so eine gute Idee braucht natürlich auch ein schönes Symbol. Und Coubertin, inzwischen Generalsekretär des Internationalen Olympischen Komitees (IOC), wurde fündig: Am Altar des Apoll in Delphi entdeckte er 1913 eine Verzierung mit fünf in sich verschränkten Ringen. „Diese fünf Ringe stehen für die fünf Erdteile, die für die olympische Idee gewonnen wurden und bereit sind, den edlen Wettstreit anzutreten", beschloss Coubertin. Entsprechend wurde die olympische Flagge entworfen, mit den Ringen in den Farben Blau, Gelb, Schwarz, Grün und Rot.

②
„Citius, altius, fortius" – schneller, höher, stärker. Der Franzose Pierre de Coubertin (1863–1937) verband damit das ständige Streben nach menschlicher Vervollkommnung über die Steigerung seiner Leistung. Mehr als 1500 Jahre nach dem Ende der antiken Spiele schlug der Pädagoge deshalb 1894 vor, die olympischen Wettkämpfe wieder ins Leben zu rufen. Schon zwei Jahre später fanden die ersten Spiele der Neuzeit in Athen statt.

③
Keiner der Ringe steht für einen bestimmten Kontinent. Vielmehr wählte das Komitee die Farben so, dass zumindest eine davon in jeder Länderflagge enthalten ist. Die Ringe umschließen damit alle Völker – fast alle: Litauen und Qatar haben beide nur Weiß und einen Braunton in ihrer Flagge.

3. Die drei Abschnitte stehen hier nicht in der richtigen Reihenfolge. Um diese herzustellen und damit den inneren (gedanklichen) Aufbau des gesamten Textes zu erfassen, musst du genauer lesen.
   a) Markiere mit einer weiteren Farbe die Textsignale, die auf die Reihenfolge schließen lassen.

   b) Schreibe die richtige Reihenfolge auf: ____________________

Ein Ballspiel aus England

Überschriften finden – Meinungen erkennen – visualisieren

Aufgaben

1. Schreibe die Überschrift „Wie entstand Squash?" über den passenden Abschnitt.
2. Schreibe auch über die anderen Abschnitte Überschriften, die den Inhalt zusammenfassen.
   Tipp: Du erleichterst dir die Arbeit, wenn du zunächst Schlüsselwörter markierst.
3. Überlege dir eine Überschrift für den ganzen Text. Schreibe sie über den Text.

____

____

Gespielt wird in einem scheinbar zu groß geratenen Aquarium. Bewaffnet mit einem Schläger stürzt man einem kleinen Gummiball hinterher, der fast gar nicht springt, damit man richtig belämmert aussieht, wenn man ihn nicht erwischt und der Partner mal wieder knapp gewinnt. Das ist ein blöder Sport? Oder ist das rasant und wohltuend? Die Meinungen über Squash sind extrem. Sicher ist: Man kann gut abschwitzen und die Alltagssorgen regelrecht an die Wand hauen. Und dieser Sport ist gut für den Rücken.

____

Squash ist beliebt. In Deutschland toben sich zwei Millionen dabei aus. Ein Weichgummiball wird aus dem Aufgaberaum des zehn mal fünfeinhalb Meter großen Spielfeldes an die Vorderwand gespielt, wo er oberhalb der 1,83 Meter vom Boden entfernten Aufschlaglinie aufkommen und ins gegenüberliegende Aufschlagfeld zurückspringen muss. Im Rückschlag darf der Ball direkt oder nach einmaligem Bodenkontakt angenommen werden. Während des Spiels darf er alle Wände berühren.

____

Squash geht zurück auf das im 17. Jahrhundert in England populäre Wandballspiel „Five", bei dem ein golfballgroßer Ball aus mit Gummi überzogenem Kork mit den fünf (five) Fingern der Hand gegen eine Wand geschlagen wurde. Die Geburtsstunde des modernen Squash war 1822, jetzt wurde in englischen Schulen „Rackets" gespielt. Es war dem heutigen Squash schon sehr ähnlich. Ab 1853 gab es überdachte Courts, den ersten im Londoner „Old Prince Club". Der Ball war mit einem Durchmesser von 2,5 Zentimetern deutlich kleiner als der moderne Squashball mit vier Zentimetern.

____

Die heute gültigen Regeln gibt es erst seit Anfang des 20. Jahrhunderts. Ein einziges Mal war der Sport sogar olympische Disziplin – 1908 bei den Spielen in London.

____

Zu uns kam Squash 1930. Im Berliner Bezirk Siemensstadt entstanden die ersten vier Courts, sie hießen Wandspielhallen. Initiator war Ernst von Siemens, damals Leiter der Fernmeldetechnik bei Siemens. Er hatte Squash in England kennen gelernt. Durch den Krieg wurde die Sportart zunächst vergessen, bevor ein Hamburger Kaufmann Squash 1968 wiederentdeckte. Richtig populär wurde es erst mit der Gründung des „Deutschen Squash Rackets Verbandes" (DSRV) 1978, in ihm sind 500 Vereine organisiert. 6 000 Courts gibt es in Deutschland.

Fortsetzung auf Seite 43

Fortsetzung von Seite 42

Ein Ballspiel aus England

Überschriften finden – Meinungen erkennen – visualisieren

Aufgaben

4. Im ersten Abschnitt findest du verschiedene Meinungen zu dem Sport „Squash".
Notiere, welche Meinungen der Autor selbst vertritt und welche Meinungen er nur wiedergibt.

Meinungen des Autors: ______________________________

____

____

Meinungen, die der Autor nur wiedergibt:

____

____

____

____

____

____

____

____

____

5. Einige Inhalte des Textes kann man gut visualisieren (veranschaulichen).
Überlege, welche der folgenden Möglichkeiten sich anbieten.
Trage sie in die Tabelle unten ein und schreibe dahinter, für welche Inhalte sie geeignet sind.

Mind-Map | *Erklärgrafik*
Strukturdiagramm | *Tabelle*
Flussdiagramm | *Tortendiagramm*

Formen der Visualisierung	**geeignet für ...**

Handys im Flugzeug

Vergleich und Auswertung zweier Texte

Warum darf man im Flugzeug kein Handy benutzen?

Beim Landeanflug einer Maschine der Alitalia auf den Flughafen von Turin kommt es beinahe zur Katastrophe: Das Funktelefon eines Passagiers schaltet den Autopiloten ab. Noch ein anderes Beispiel: Ein Pilot der Air China bemerkt kurz vor Peking, dass er um 30 Grad vom Kurs abgekommen ist. Bei der Suche nach den Ursachen stellt sich heraus, dass ein Fluggast sein Handy in Betrieb hatte. Schreckensmeldungen wie diese haben auch das Luftfahrt-Bundesamt in Braunschweig auf den Plan gerufen. Im Luftverkehrsgesetz heißt es seither: „Der Betrieb und die Benutzung von Mobiltelefonen (Handys) ist an Bord deutscher Luftfahrzeuge verboten." Die Begründung: „Funktion des Handys ist, zu senden und damit elektromagnetische Energie abzustrahlen. Diese kann sich in die Flugzeugelektronik einkoppeln und Störungen verursachen, die eine Situation entstehen lassen, die Leib und Leben bedroht."
So einfach ist es in Wirklichkeit gar nicht. Wissenschaftler konnten im Laborversuch bislang keineswegs den eindeutigen Beweis erbringen, dass die abgestrahlten Wellen tatsächlich die Cockpit-Apparaturen stören. Dokumentiert ist allerdings ein Fall, bei dem die Handy-Strahlen die Kabelleitungen direkt hinter den Kabinenwänden beeinflusst und fehlerhafte Signale produziert hatten. Auch ein Sprecher der Lufthansa räumt ein, „dass sich die Ursache von Störungen in der Bordelektronik oft nicht zweifelsfrei festlegen lässt". Bei manchen Vorfällen ließen sich Strahlen elektronischer Geräte als Auslöser allenfalls „nicht eindeutig ausschließen".
Moderne Flugzeuge sind wenig anfällig für elektromagnetische Störimpulse. Die strengen Zulassungsbestimmungen verlangen eine umfassende Abschirmung, um externe Störquellen weitestgehend auszuschalten. Durchaus denkbar, dass das Handy-Verbot an Bord nicht ewig Bestand haben wird. Sowohl Hersteller wie auch Fluggesellschaften forschen an dem Problem. Andererseits: Wenigstens im Flugzeug bleibt den Reisenden zurzeit der Geräuschpegel von Telefongesprächen erspart, die nun wirklich niemanden interessieren. Bei einem Verstoß drohen übrigens Geld- und Haftstrafen.

Warum sind Handys in Flugzeugen verboten?

Bordinstrumente in Flugzeugen sind sehr sensibel. Auch medizinische Geräte in Krankenhäusern und Arztpraxen arbeiten mit empfindlicher Elektronik. Jede noch so kleine Störung kann Menschenleben in Gefahr bringen. Beachten Sie deshalb unbedingt derartige Hinweise und Verbote! Schalten Sie Ihr Handy ab. Im Flugzeug übrigens schon mit Betreten der Bordkabine. Benutzungsverboten in Flugzeugen, Krankenhäusern und Arztpraxen sollten Sie in jedem Falle Folge leisten.

Aufgabe

1. Vergleiche den Anfang der beiden Texte. Notiere den entscheidenden Unterschied.

   Anfang des ersten Textes: ______________________________

   ____

   Anfang des zweiten Textes: ______________________________

   ____

Fortsetzung auf Seite 45

Fortsetzung von Seite 44

Handys im Flugzeug

Vergleich und Auswertung zweier Texte

Aufgaben

2. Erkläre, warum der Autor des ersten Artikels diesen Einstieg gewählt hat.
   Was ist der Vorteil und was könnte ein Nachteil sein?

   möglicher Vorteil: ______________________________

   ____

   möglicher Nachteil: ______________________________

   ____

3. Verfasse auf der Grundlage der beiden Texte eine Antwort auf die Frage:
   „Ist das Benutzen von Handys in Flugzeugen gefährlich?"
   Gehe so vor:
   - Berücksichtige alle wichtigen Aussagen der beiden Texte, damit du zu einer differenzierten (ausgewogenen) Antwort kommst.
   - Gliedere deinen Text in Abschnitte, die den Sinnabschnitten entsprechen.
     Tipp: Am günstigsten sind hier drei Abschnitte.
   - Gib jedem Abschnitt eine kurze Überschrift.

____

____

____

____

____

____

____

____

____

____

____

Alles wird teurer

Text – Tabelle – Diagramm

Ferienzeit lässt Verbraucherpreise klettern

Die Lebenshaltungskosten in Deutschland sind im Vergleich zum Vorjahr um 0,9 Prozent gestiegen.

Wiesbaden – Der für die Ferienzeit übliche Preisanstieg bei Hotels, Gaststätten und Freizeit hat im Juli die Lebenshaltung in Deutschland etwas verteuert. Die Lebenshaltungskosten kletterten im Vergleich zum Juni um 0,2 Prozent, teilte das Statistische Bundesamt in Wiesbaden mit. Die Verbraucherpreise hätten um 0,9 Prozent über dem Niveau des Vorjahres gelegen. Damit bestätigte das Amt seine vorläufigen Berechnungen von Ende Juli. Experten erwarten auch in den kommenden Monaten geringe Inflationsraten[1].

Heizöl im Juli billiger

Vor allem im Winter dürfte der Preisanstieg zum Vorjahr moderat[2] ausfallen, weil die Angst vor dem Irak-Krieg das Öl im vergangenen Jahr stark verteuerte, sagte Manfred Kurz von der Bayerischen Landesbank. Bereits im Juli wirkten Mineralölerzeugnisse schon nicht mehr preistreibend. Ohne solche Produkte hätte der jährliche Preisanstieg ebenfalls 0,9 Prozent betragen. Heizöl war im Juli den Angaben zufolge ein Prozent billiger als vor einem Jahr, die durchschnittlichen Preise für Kraftstoffe lagen dagegen knapp drei Prozent über dem Niveau vom Juli 2002.

Hauptpreistreiber im Vergleich zum Juni waren Dienstleistungen im Freizeit- und Unterhaltungsbereich, wo die Preise um 1,3 Prozent zulegten. Bei Hotels und Gaststätten zogen die Preise im Schnitt zum Vormonat sogar um 2,4 Prozent an. „Das ist der im Juli übliche Ausreißer", hieß es beim Statistischen Bundesamt. Billiger als im Juni waren Nahrungsmittel sowie Bekleidung und Schuhe. Lebensmittel verteuerten sich im Vergleich zum Vorjahr um 0,4 Prozent. Der Preis für Bienenhonig schnellte jedoch um fast 26 Prozent in die Höhe, Vollmilchschokolade verteuerte sich um gut sieben Prozent. Auch für Grapefruit und Kiwi mussten die Verbraucher rund zehn Prozent mehr als vor einem Jahr zahlen. Gut ein Prozent billiger als im Juli 2002 waren dagegen Fleisch und Fleischwaren.

Teurer wurden auch soziale Dienstleistungen wie Kinderkrippen und Pflege in Altenwohnheimen, die sich jeweils um fast sechs Prozent verteuerten. Der Preisrutsch bei technischen Geräten hielt an: Computer und Zubehör wie Tintenstrahldrucker kosteten gut ein Viertel weniger als vor einem Jahr. Auch tragbare CD-Spieler und Fernseher verbilligten sich.

1 Inflationsraten = Raten der Preissteigerung und damit Geldentwertung
2 moderat = gemäßigt

Kosten der Lebenshaltung Juli 2003

	Anteil am Gesamtindex	Preisindex 2000 = 100	Veränderung zum Vorjahresmonat:	Veränderung zum Vormonat:
Gesamtindex aller Haushalte	**100**	**104,6**	**+0,9**	**+0,2**
Nahrungsmittel	10,34	105,5	+0,4	-0,6
Alkohol, Tabak	3,67	111,5	+5,3	+0,1
Bekleidung, Schuhe	5,51	99,5	-1,3	-1,0
Wohnung, Strom, Heizung	30,27	104,8	+1,5	+0,1
Haushaltsausrüstung	6,85	102,3	+0,4	0,0
Gesundheitspflege	3,55	102,3	+0,5	+0,1
Verkehr	13,87	106,7	+1,7	+0,3
Kommunikation	2,52	96,1	-0,3	-0,1
Freizeit, Sport, Kultur	11,09	101,5	-1,4	+1,3
Bildungswesen	0,66	106,6	+2,8	+0,5
Hotel, Café, Restaurant	4,66	108,8	+0,6	+2,4
Andere Waren, Dienstleistungen	7,02	106,7	+1,4	+0,0

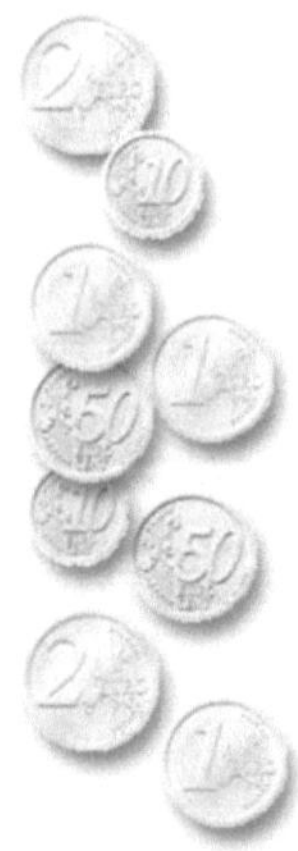

Aufgabe

1. Text und Tabelle sind aufeinander bezogen.
   a) Markiere die Stichworte in der linken Spalte der Tabelle mit unterschiedlichen Farben. Markiere anschließend die Stellen im Text, die genauere Angaben zu dem jeweiligen Stichwort enthalten, in derselben Farbe.
   b) Markiere Textstellen, zu denen es in der Tabelle keinen Bezug gibt, mit einer weiteren Farbe.

Fortsetzung auf Seite 47

Fortsetzung von Seite 46

Alles wird teurer

Text – Tabelle – Diagramm

Aufgaben

2. Erkläre kurz, was die Tabelle zeigt.

3. Erkläre, was die einzelnen Zahlenspalten angeben.

   Spalte 1:

   Spalte 2:

   Spalte 3:

   Spalte 4:

4. Wenn – wie hier – eine Entwicklung dargestellt wird, braucht man einen Bezugspunkt. Die Bezugspunkte der verschiedenen Zahlenspalten sind dabei unterschiedlich. Vor allem bei der ersten Zahlenspalte musst du ein wenig überlegen. Nenne möglichst präzise die Bezugspunkte für die einzelnen Zahlenspalten.

   Spalte 1:

   Spalte 2:

   Spalte 3:

   Spalte 4:

Fortsetzung auf Seite 48

Fortsetzung von Seite 47

Alles wird teurer

Text – Tabelle – Diagramm

! *Zahlen werden oft auch in numerischen Grafiken wiedergegeben. Besonders häufig sind:*

- *Torten- oder Kreisdiagramm*
- *Balken- oder Säulendiagramm*
- *Kurvendiagramm*

Diese Diagramme leisten Unterschiedliches. Sie zeigen:

- *Größenverhältnisse, also etwas Statisches, oder*
- *Entwicklungen, also etwas Dynamisches*

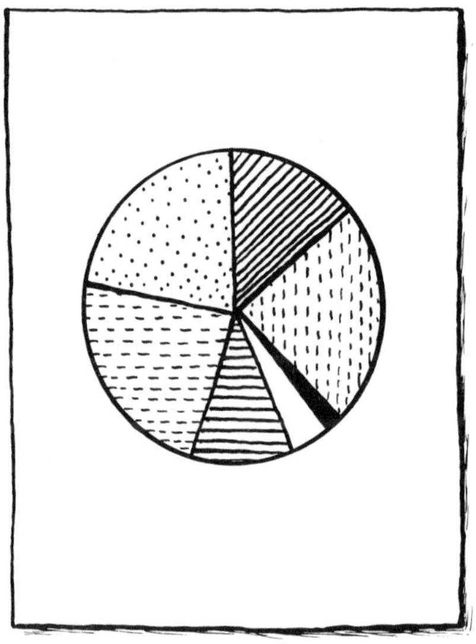

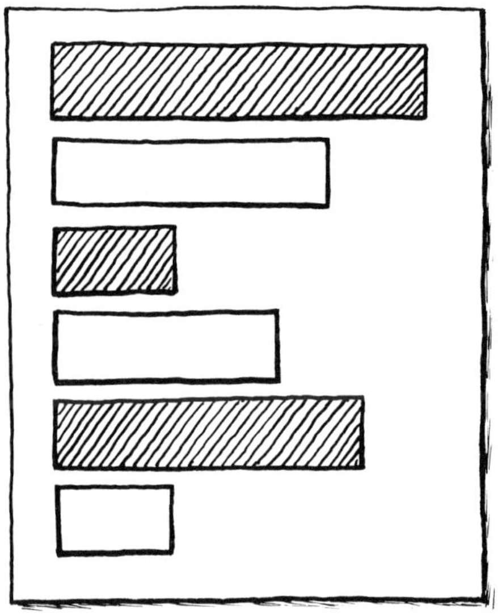

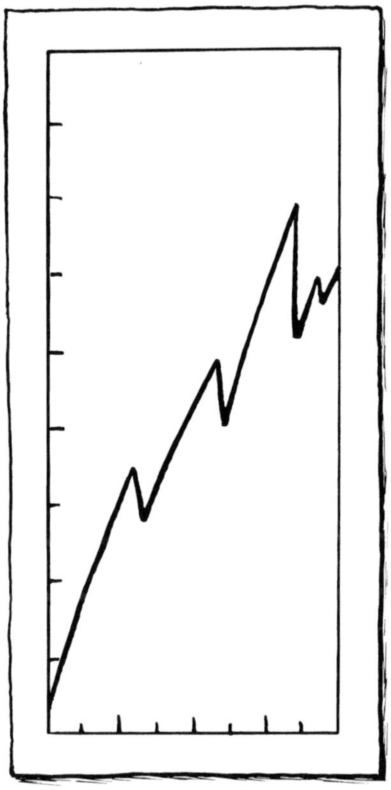

Aufgaben

5. Schreibe neben die links aufgeführten Diagrammformen, ob sie Größenverhältnisse oder Entwicklungen darstellen.

Diagrammform	stellt dar ...
Tortendiagramm, Kreisdiagramm	
Balkendiagramm, Säulendiagramm	
Kurvendiagramm	

6. Verschaffe dir einen Überblick über deine eigenen Ausgaben. Notiere dazu, wofür du in der Regel Geld ausgibst. **Tipp:** Du kannst dich an der linken Spalte der Tabelle (S. 46) orientieren!

7. Vergleiche deine Ergebnisse aus Aufgabe 6 mit den Angaben in der Tabelle (erste Zahlenspalte). Stimmt der Prozentsatz ungefähr überein?

8. Veranschauliche deine persönlichen Ausgaben in Form eines numerischen Diagramms. Überlege zunächst, welche Diagrammform geeignet ist. Entwirf dann das Diagramm. **Tipp:** Mit dem PC wird es besonders exakt.

Unruhige Augen

Die richtige Form der Visualisierung finden

Was ist Rapid-Eye-Movement?

Der Schlaf ist in unterschiedliche Abschnitte gegliedert, die sich ständig wiederholen. Anfang der 60er-Jahre beobachteten Forscher, dass die Augen Schlafender in einer bestimmten Phase sehr schnelle Bewegungen zeigen, und nannten diese daher REM-Schlaf (Rapid-Eye-Movement = schnelle Augenbewegung). Das passiert etwa 45 Minuten nach dem Einschlafen und dauert rund zehn Minuten. Danach gibt es einen ständigen Wechsel zwischen Tiefschlafphasen – so genannten NON-REM-Phasen – und den Traumphasen, bis der Schlafende nach der fünften REM-Phase wieder aufwacht.

Kurz nach dieser Entdeckung vermuteten die Wissenschaftler, dass der REM-Schlaf für das Träumen verantwortlich ist: Personen, die man während des REM-Schlafes weckte, konnten sich besser an ihren Traum erinnern. Heute weiß man zwar, dass Träume keineswegs auf die REM-Phasen beschränkt sind, doch nur in diesem Stadium sind sie fantasievoll und bildhaft. Und nicht nur die Augen sind während des REM-Schlafes aktiv: Auch Blutdruck, Herz- und Atemfrequenz sind erhöht, das Gehirn arbeitet auf Hochtouren und viele Schlafende sind in dieser Phase sogar ansprechbar. Typisch für den REM-Schlaf ist auch eine völlig erschlaffte Muskulatur. Das soll der Grund dafür sein, warum wir oft davon träumen, in gefährlichen Situationen nicht fliehen zu können.

Viele Forscher haben seit der Entdeckung des REM-Schlafs versucht, seine Funktion zu deuten. Manche schreiben dem REM-Schlaf eine „Wächterfunktion“ zu, damit wir auch während des Schlafes vor Feinden auf der Hut sind. Andere meinen, dass wir beim Träumen die Eindrücke des Vortages verarbeiten und unser Gehirn ausmisten, indem wir es von überflüssigen Informationen befreien. Gleichzeitig wird Gelerntes von „Zwischenspeichern“, dem Kurzzeitgedächtnis, auf die „Festplatte“ unseres Gehirns übertragen.

Dafür spricht, dass wir nach intensivem Lernen mehr Zeit unseres Schlafes in der REM-Phase verbringen. Hindert man Menschen am REM-Schlaf, sind sie am nächsten Tag oft schlechter in der Lage, komplexe Denkaufgaben zu lösen.

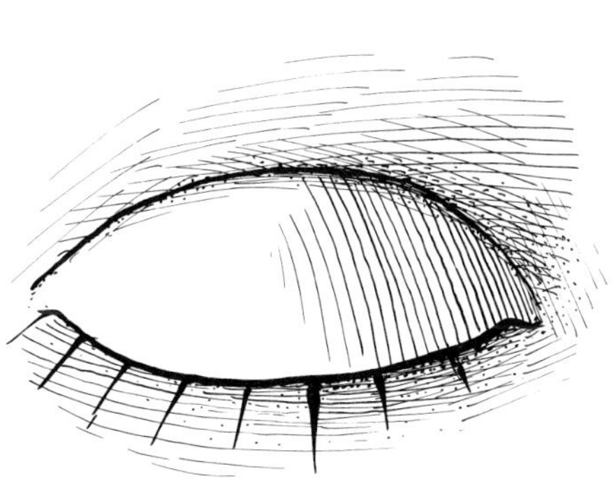

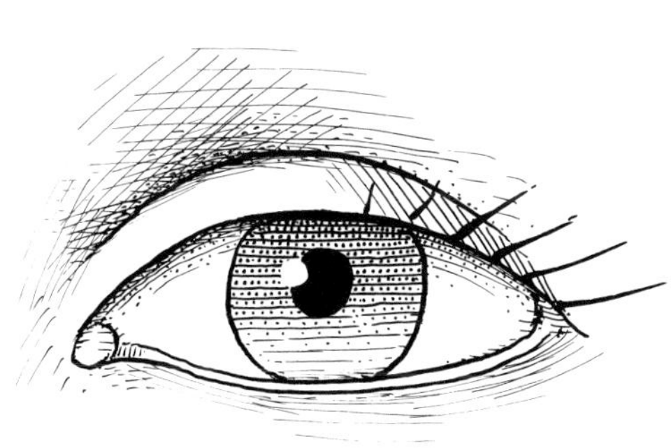

Aufgabe

1. Halte den Inhalt der einzelnen Abschnitte jeweils in wenigen Stichworten am Rand fest. Zwei Druckabschnitte kannst du übrigens zu einem Sinnabschnitt zusammenfassen.

Fortsetzung auf Seite 50

Fortsetzung von Seite 49

Unruhige Augen

Die richtige Form der Visualisierung finden

Aufgaben

2. Hier kannst du nachlesen, was die verschiedenen Formen der Visualisierung leisten. Trage die Begriffe und Aussagen in die richtige Spalte ein. Die unterstrichenen Begriffe kannst du zweimal verwenden.

Abläufe – Anschaulichkeit – Zusammenhänge (mit Über- und Unterordnung) – Vollständigkeit – kann leicht erweitert werden – viele Details (geordnet oder ungeordnet)

Form	Was sie darstellen kann ...	besondere Stärke
Mind-Map		
Flussdiagramm		
Liste		
Kurvendiagramm		

3. Einige Abschnitte in dem Text auf Seite 49 kannst du gut in einer visualisierten Form darstellen. Kreuze an, welche Begriffe zu den Abschnitten passen.
Achtung:
• Manchmal passen zwei Begriffe.
• Ein Abschnitt lässt sich nicht visualisieren.

	Abschnitt 1	Abschnitt 2	Abschnitt 3	Abschnitt 4
Mind-Map	☐	☐	☐	☐
Flussdiagramm	☐	☐	☐	☐
Liste	☐	☐	☐	☐
Kurvendiagramm	☐	☐	☐	☐

4. Visualisiere in dem vorgegebenen Rahmen einen der Textabschnitte.

Süßer Alkohol

Fakten und Meinungen

Alcopops: Scharfer Sprit hinter buntem Etikett

Sie heißen Bacardi Rigo, Smirnoff Slammer oder Puschkin Vibe Black. Hinter den klangvollen Namen verbergen sich so genannte „Alcopops" – Mixgetränke aus Alkohol und Limonade. Hauptsächlich Jugendliche stehen auf die Szenegetränke mit den bunten Etiketten. Kaum ein Volksfest, auf dem nicht die Alkohol-Brausen verkauft werden. Der Bacardi-Konzern erwartet dank der Mixdrinks für das Geschäftsjahr 2002/2003 etwa 70 Prozent mehr Umsatz. Alcopops sind der Renner bei Jugendlichen – unbedenklich sind sie nicht.

Zwei Schnaps pro Alcopop

Denn hinter bunten Etiketten verbirgt sich eine Menge Alkohol. Das Gefährliche daran: „Der Branntwein ist in Limonade maskiert." Der scharfe Geschmack von Alkohol stößt Kinder eigentlich ab. Bei den Alcopops überdeckt die Süße den bitteren Geschmack. „Kinder und Jugendliche nehmen also etwas zu sich, das ihnen sonst gar nicht schmecken würde", sagt Matthias Wolfschmidt von der Verbraucherschutzorganisation Foodwatch. Fünf Prozent Alkohol enthalten die bunten Alkohol-Brausen – so viel wie zwei Gläser Schnaps. Im Laufe eines Abends können so schnell zehn „Kurze" zusammenkommen, genug Stoff für einen starken Rausch. [...]

Werbung kommt bei Jugendlichen an

Dass die Werbung bei Kids gut ankommt, belegt eine Studie aus Holland: Von fünf kürzlich gesendeten TV-Spots erwies sich eine Bacardi-Breezer-Werbung als die populärste. Jeder dritte der getesteten Jugendlichen gab an, dass sie diese Reklame verleite, einen Breezer zu probieren oder zu trinken. Das verwundert Verbraucher-Experte Wolfschmidt nicht: „Die coolen Werbespots bedienen schon die Sehnsüchte von 13- bis 15-Jährigen. Die Spirituosen-Industrie behauptet aber, ihre Kampagnen seien auf junge Erwachsene zugeschnitten. Dafür, dass auch eine viel jüngere Klientel[1] erreicht wird, fühlt sich die Industrie offenbar nicht verantwortlich."

„Verändertes Angebot alkoholischer Getränke"

Fakt ist: Der Alkoholkonsum unter den 13- bis 15-Jährigen steigt wieder an. Das ist das Ergebnis einer Studie zum Gesundheits- und Freizeitverhalten von Jugendlichen. In der Studie heißt es: „Viel bedeutender (für die Steigerung des Alkoholkonsums bei Jugendlichen) scheint jedoch ein verändertes Angebot alkoholischer Getränke zu sein. Mit Spirituosen versetzte Limonaden (‚Alcopops') zielen zunehmend auf eine sehr junge Konsumentengruppe." Bundesfamilienministerin Renate Schmidt warnt: „Alkoholische Mixgetränke sind eine Gefahr für Kinder und Jugendliche, sie können der Einstieg in die Sucht sein."

Zutritt erst ab 18 – oder nicht?

Das sehen die Alcopops-Hersteller freilich anders: „Das Konzept punktet vor allem in der trendbewussten Zielgruppe der 18- bis 29-jährigen Nightlife-People", beschreibt Bacardi Deutschland seinen Drink „Rigo". „Bist Du schon 18 Jahre alt?", will der Hersteller auf seiner Website von den Besuchern wissen. Und auch der Spirituosen-Hersteller Puschkin fordert die Besucher seiner Website auf: „Bitte teile uns mit, ob du für die Puschkin-Welt schon bereit bist, sprich, das 18. Lebensjahr vollendet hast."

„Ja, ich bin 18"

Minderjährige halten diese Hinweise allerdings nicht vom Besuch der Seite ab: Wer unter 18 ist, klickt ganz einfach „Ja, ich bin 18" an und ist ruckzuck in der bunten Bacardi- und Puschkin-Welt. Dort duzen die beiden Firmen ihre potenziellen[2] Kunden. Die Altersgruppe, die man gewöhnlich duzt, darf Alcopops nicht kaufen.

1 Klientel = Kundschaft
2 potenziell = möglich

Fortsetzung auf Seite 52

Fortsetzung von Seite 51

Süßer Alkohol

Fakten und Meinungen

Aufgaben

1. Was sind „Alcopops"? Markiere in dem Text alle Stellen, die darüber Auskunft geben. Notiere in Stichworten, was du über diese Getränke erfährst.

2. Hinsichtlich der Gefahr, die von den Alcopops ausgeht, gibt es unterschiedliche Auffassungen. Fasse die Meinungen der Kritiker und der Hersteller kurz zusammen.

   Kritiker:

   Hersteller:

3. Nur eine Seite führt für ihre Meinung auch Argumente an. Kreuze an und nenne die Argumente in Stichworten.

   ☐ Die Kritiker führen Argumente an. ☐ Die Hersteller führen Argumente an.

   Argumente in Stichworten:

4. In den letzten zwei Abschnitten scheint der Verfasser die Website der Hersteller und den Umgang Jugendlicher mit ihr lediglich zu beschreiben. Indirekt äußert er damit aber vor allem Kritik an den Herstellern.
   Formuliere diese Kritik.

Fortsetzung auf Seite 53

Fortsetzung von Seite 52

Süßer Alkohol

Aussage – Argumentation – Visualisierung

„Alcopops sind die neuen Verführer zum Alkohol"

Der Psychologe Wolfgang Settertobulte über die Gefährdung von Jugendlichen durch neue Mixgetränke

Interviewer: *Herr Settertobulte, Sie haben im Auftrag der Weltgesundheitsorganisation das Gesundheitsverhalten von deutschen Schülern im Alter zwischen elf und 15 Jahren untersucht. Welche Rolle spielt bei den Jugendlichen der Alkohol?*

Settertobulte: Alkohol ist zu einer der beliebtesten Drogen geworden. Unsere Studie hat gezeigt, dass die Jugendlichen immer früher zu Alkohol greifen und auch früher ihren ersten Alkoholrausch erleben. Etwa zehn Prozent der 13-Jährigen trinken mindestens einmal in der Woche Alkohol. Unter den 15-Jährigen sind es sogar 40 Prozent der Jungs und 25 Prozent der Mädchen.

Hat sich der Alkoholkonsum unter Jugendlichen in den letzten Jahren verändert?

In den 90er-Jahren konnten wir einen leichten Rückgang des Alkoholkonsums in dieser Altersgruppe feststellen. Seit der Jahrtausendwende gibt es jedoch einen deutlichen Anstieg. So ist unter den 15-Jährigen der Anteil derjenigen, die regelmäßig Alkohol trinken, bei den Jungs um acht Prozentpunkte und bei den Mädchen um drei Prozentpunkte gestiegen. [...]

Glauben Sie, dass Alcopops dazu führen, dass mehr Jugendliche alkoholabhängig werden?

Die Alcopops führen nicht unmittelbar zu einer Sucht, die ja vor allem durch Kontrollverlust gekennzeichnet ist. Aber die Teenager lernen früher einen Rauschzustand kennen, der als angenehm empfunden wird. Denn die Mischgetränke werden schon von Jugendlichen in größerer Menge getrunken, weil sie sehr süß sind und man den Alkohol nicht schmeckt. Alcopops sind darum die neuen Verführer zu Alkohol. Das Problem besteht vor allem darin, dass die Jugendlichen, die sich ja noch im Wachstum befinden, durch den regelmäßigen Alkoholkonsum ihrer Gesundheit schaden und häufiger aggressiv werden. Teenager, die regelmäßig Alkohol trinken, sind auch häufiger in Verkehrsunfälle verwickelt. [...]

Wie kann man Ihrer Ansicht nach dem Problem am besten begegnen?

Die beste Strategie ist es, diese Getränke mit einer drastischen Zusatzsteuer zu belegen. Das zeigen die Erfahrungen in Frankreich, wo es eine solche Steuer seit einiger Zeit gibt. Dort sind die Alcopops fast vollständig vom Markt verschwunden, weil sie für die Jugendlichen zu teuer geworden sind. Auch in der Schweiz wurde in diesem Jahr die Steuer auf Alcopops drastisch erhöht. Außerdem sollte auf den Flaschen deutlich stehen, dass sie nur an Erwachsene verkauft werden dürfen. Denn viele Jugendliche und ihre Eltern wissen das nicht. Sie glauben, Alcopops seien ungefährliche Softdrinks, die speziell für Jugendliche hergestellt werden.

Wäre dann nicht eine Aufklärungskampagne wichtig?

Die Erfahrung zeigt, dass solche Kampagnen oft an der Zielgruppe vorbeigehen. Deutlich höhere Preise sind sicherlich die wirkungsvollste Maßnahme.

Das Interview führten Lisa Eversmann und Thomas Kappe.

Fortsetzung auf Seite 54

Fortsetzung von Seite 53

Süßer Alkohol

Aussage – Argumentation – Visualisierung

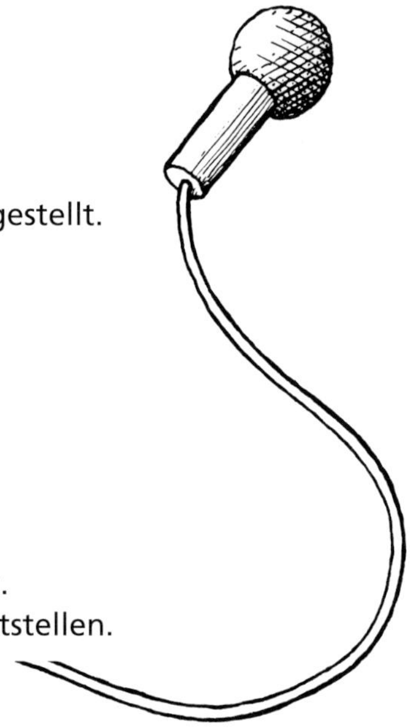

Aufgaben

1. In den beiden ersten Antworten wird die Entwicklung der letzten Jahre dargestellt. Worum geht es genau? Kreuze an, ohne noch einmal nachzulesen.

Es geht um
- ☐ das Problem „Alcopops".
- ☐ den Alkoholkonsum bei Jugendlichen insgesamt.
- ☐ das Problem „Alkohol" in Deutschland.

2. Machen Alcopops süchtig?
   a) Suche den Textabschnitt, in dem der Psychologe diese Frage beantwortet. Lies den Abschnitt sorgfältig durch und markiere die entscheidenden Textstellen.
   b) Gib die Antwort des Psychologen nun mit eigenen Worten wieder. Beachte dabei, dass die Antwort differenziert ist.

____

____

____

3. In den letzten drei Antworten des Interviews werden nicht nur Fakten mitgeteilt, sondern auch Meinungen vertreten und begründet.
   Schreibe in die folgende Tabelle vier Aussagen, die eine Meinung wiedergeben, und ordne ihnen jeweils ein Argument aus dem Text zu.
   Vermerke außerdem, um welche Form der Meinungsäußerung bzw. des Arguments es sich jeweils handelt.

> Zur Erinnerung:
>
> **Meinungen** können sich äußern als
> - Tatsachenbehauptung,
> - Werturteil,
> - Empfehlung bzw. Forderung.
>
> **Argumente** sind meist Hinweise auf
> - Fakten (Faktenargument),
> - Bewertungen (Wertargument),
> - Autoritäten (Autoritätsargument),
> - mögliche Folgen.

Meinung	**Begründung/Argument**

4. Die Entwicklung, die in den beiden ersten Antworten dargestellt wird, lässt sich gut visualisieren. Überlege, welche Form der Visualisierung besonders geeignet ist. Kreuze an.

- ☐ Mind-Map
- ☐ Kurvendiagramm
- ☐ Cluster
- ☐ Flussdiagramm
- ☐ Strukturdiagramm
- ☐ Tortendiagramm
- ☐ Tabelle

Fortsetzung auf Seite 55

Fortsetzung von Seite 54

Süßer Alkohol

Auseinandersetzung mit Werbung in Form einer Glosse

Giftiger Erfolg

Harter Schnaps und süßer Saft: Mixgetränke sind in – doch Suchtexperten warnen vor einer neuen Einstiegsdroge

Die kleine Flasche liegt fest in der Hand. Durch ihren schmalen Hals dringt ein frischer Geruch von süßlichen Limetten und weißem Rum. Der Inhalt schmeckt süß und herb zugleich, auf alle Fälle anders – und er schmeckt nur, wenn der als Limonade daherkommende Alkohol auch eisgekühlt ist. Wer heute hip sein will, trinkt Premixes oder Alcopops.

Fertige Mixgetränke aus Rum mit Soda oder Wodka mit Limetten sind aus der Club- und Partyszene in Hamburg, Berlin und München nicht mehr wegzudenken. In der Spirituosenbranche beleben sie regelrecht das Geschäft: So meldete Bacardi gerade ein Umsatzplus von 27 Prozent. Mit seinen Mixmarken Rigo und Breezer hat das Familienunternehmen mit Sitz in Hamilton auf Bermuda den Absatz in Deutschland auf mehr als 100 Millionen Flaschen verdreifacht. So viel verkaufte auch der britische Hersteller Diageo von seinem Wodkadrink Smirnoff Ice. Und Berentzen aus Haselünne im Emsland – bisher vor allem für Apfelkorn bekannt – schaffte mit seiner Marke Puschkin Vibe aus dem Stand einen Marktanteil von fünf Prozent.

Die Hersteller verdienen prächtig an dem Szene-Mix, denn die Margen[1] liegen deutlich im zweistelligen Bereich – so hoch wie sonst nur bei Kaffee. „Wir zielen auf junge Leute, die gerade alt genug sind, um Alkohol trinken zu dürfen, ihr erstes Geld verdienen und Spaß haben wollen", sagt Bacardi-Chef Angel Torres. Doch viele junge Leute haben heute schon Spaß, bevor sie vom Gesetzgeber aus überhaupt Alkohol im Blut haben dürften. [...]

Bereits Mitte der 90er-Jahre versprach die Studie einer großen Unternehmensberatung den Promille-Reibach[2] mit scheinbar harmloser Limonade. In Ländern wie Großbritannien, Frankreich und der Schweiz längst der Partyhit, wurden die Produkte 1998 auch in Deutschland auf den Markt gebracht. Das Prinzip ist immer das gleiche: Mit gigantischem Werbeaufwand werden gezielt „soziale Aspekte des Alkoholtrinkens wie Stressabbau, Kontaktfreude, Stimmungsverbesserung und Statusmaximierung[3] bei den Jugendlichen angesprochen", so die Weltgesundheitsorganisation (WHO) in ihrem Bericht „Drinking among young Europeans".

Mit einem Werbeetat von jährlich 64 Millionen Euro verspricht Bacardi das Karibik-Feeling, sobald man am Rigo-Schraubverschluss dreht. Die Flasche ist so gestaltet, dass jeder, der daraus trinkt, auch wirklich glaubt, in zu sein. Design als Eintrittskarte in die große weite Partywelt.

Der Mix schmeckt nach Sommer, Sonne, Schönheit – nur nach Alkohol schmeckt er nicht. „Dabei ist in jeder Flasche so viel Alkohol wie in einem sauber eingeschenkten doppelten Bacardi", sagt Carsten Direske von der Verbraucherorganisation Foodwatch. [...]

Marcus Pfeil

1 Margen = (Gewinn-)Spannen
2 Reibach = umgangssprachlich für „großer Gewinn"
3 Statusmaximierung = Steigerung des Ansehens (Status = „Stellung") auf das höchstmögliche Niveau

Aufgabe

1. Es geht um ein Getränk. Folglich könnte man mit dem werben, was das Getränk unmittelbar bietet, z. B. mit einem guten Geschmack oder der erfrischenden Wirkung. Aber die Werbung verspricht etwas ganz anderes.
   Markiere die entsprechenden Stellen im Text und notiere in Stichworten, was die Werbung verspricht.

____

____

____

Fortsetzung auf Seite 56

Fortsetzung von Seite 55

Süßer Alkohol

Auseinandersetzung mit Werbung in Form einer Glosse

Aufgaben

2. Erkläre mit Hilfe von Aufgabe 1 den Begriff „Lifestylewerbung".

3. Erkläre aus der Sicht eines Werbefachmanns, warum die Werbung auf Lifestyle und nicht auf den Geschmack des Getränkes setzt.

4. Setze dich mit der Werbestrategie der Hersteller von Alcopops in Form einer Glosse auseinander. Beziehe dabei mit ein, was der Artikel über die Verkaufszahlen und die Gewinne der Hersteller sagt. Überlege dir auch eine geeignete Überschrift. Schreibe in dein Heft.

Was ist eine Glosse?
Eine Glosse ist ein Kommentar, der in einem bewusst ironisch-satirischen Ton gehalten ist. Der Gegenstand der Glosse wird lächerlich gemacht, Absichten oder auch Versprechen werden ironisch in Frage gestellt.

Fortsetzung auf Seite 57

Fortsetzung von Seite 56

Süßer Alkohol

Standpunkte entfalten – Forderungen begründen

Der folgende Textausschnitt ist einem Interview mit Richard Müller, dem Direktor der Schweizerischen Fachstelle für Alkohol und andere Drogenprobleme, entnommen.

Gefahr in Fläschchen

[...]

Müller: Es gibt mindestens vier Bereiche, in denen noch mehr gegen den Alkoholmissbrauch getan werden müsste:

Die bestehenden Jugendschutzgesetze müssten durchgesetzt werden. Das betrifft vor allem das Verkaufsverbot für Alkohol an unter 16- beziehungsweise 18-Jährige.

Es genügt nicht, in Läden und Restaurants ein Schild aufzuhängen mit der Aufschrift, dass keine Alcopops an unter 16-Jährige verkauft werden. Das Personal muss entsprechend ausgebildet werden.

Die Lifestylewerbung mit Alkohol sollte noch stärker eingeschränkt werden. Das gilt auch beim Event-Marketing mit alkoholischen Getränken.

Gemeinden sollten genauer hinsehen, bevor sie Ausschankbewilligungen für große Partys und Events erteilen. Gibt es zum Beispiel Transportangebote, damit alkoholisierte Gäste nicht ihren eigenen Wagen benutzen müssen?

Interviewer: *Warum hat das Rauschtrinken überhaupt zugenommen?*

Müller: Der Reiz ist groß, für kurze Zeit dem stressigen Alltag zu entfliehen. Und vielleicht fehlen vielen Leuten heute die inspirierenden Zukunftsperspektiven. Deshalb konzentrieren sie sich auf Spaß und Fun im Hier und Jetzt.

Interview Carl J. Wiget

Aufgaben

1. In welcher Form vertritt Richard Müller seine Meinung? Kreuze an:

   ☐ Tatsachenbehauptung
   ☐ Werturteil
   ☐ Forderung

2. Markiere Wörter, an denen du die Ergebnisse aus Aufgabe 1 festmachen kannst.
   Notiere, wie man diese Wörter nennt.

   ____

3. Müller nennt vier Bereiche, in denen mehr gegen den Alkoholmissbrauch getan werden müsste.
   Aber auch in seiner letzten Äußerung steckt noch ein Bereich, an dem man ansetzen könnte.
   Formuliere Müllers Äußerung als Forderung.

4. Müllers Äußerungen sind weder begründet noch erläutert.
   Greife eine der Äußerungen heraus und erläutere sie so, dass sie möglichst plausibel wird.
   Schreibe in dein Heft.

Fortsetzung auf Seite 58

Fortsetzung von Seite 57

Süßer Alkohol

Ein Thema mit Hilfe von Texten erschließen – Texte als Grundlagen für einen eigenen Text verwenden

Aufgabe

1. Verfasse auf der Grundlage der Texte über Alcopops (S. 51–57) einen Beitrag für eine Schülerzeitung. Du kannst dich dabei an folgende Schritte halten:

Schritt 1: den Gegenstand erschließen
Teilthemen herausarbeiten

Halte in Form einer **Mind-Map** fest, welche Teilthemen in den Texten über Alcopops angesprochen werden. Arbeite im Heft.

Gehe so vor:
- Lege zunächst die Grundstruktur der Mind-Map an.
  Schreibe ins Zentrum: *Alcopops*.
  Äste und Zweige kannst du nach Bedarf ergänzen.
- Lies die vier Texte und füge die Teilthemen nach und nach als Äste an (z. B. *Gefahren, Werbung* ...).
- Schreibe dasselbe Stichwort, z. B. *Gefahren,* überall da an den Rand der Texte, wo das Teilthema vorkommt.
- Einzelheiten zu den Teilthemen kannst du auf „Zweigen" festhalten, die du an die Äste anhängst. Du hast dann eine Mind-Map mit einem Zentrum und zwei Abstufungen, wie in dem folgenden Schema angedeutet:

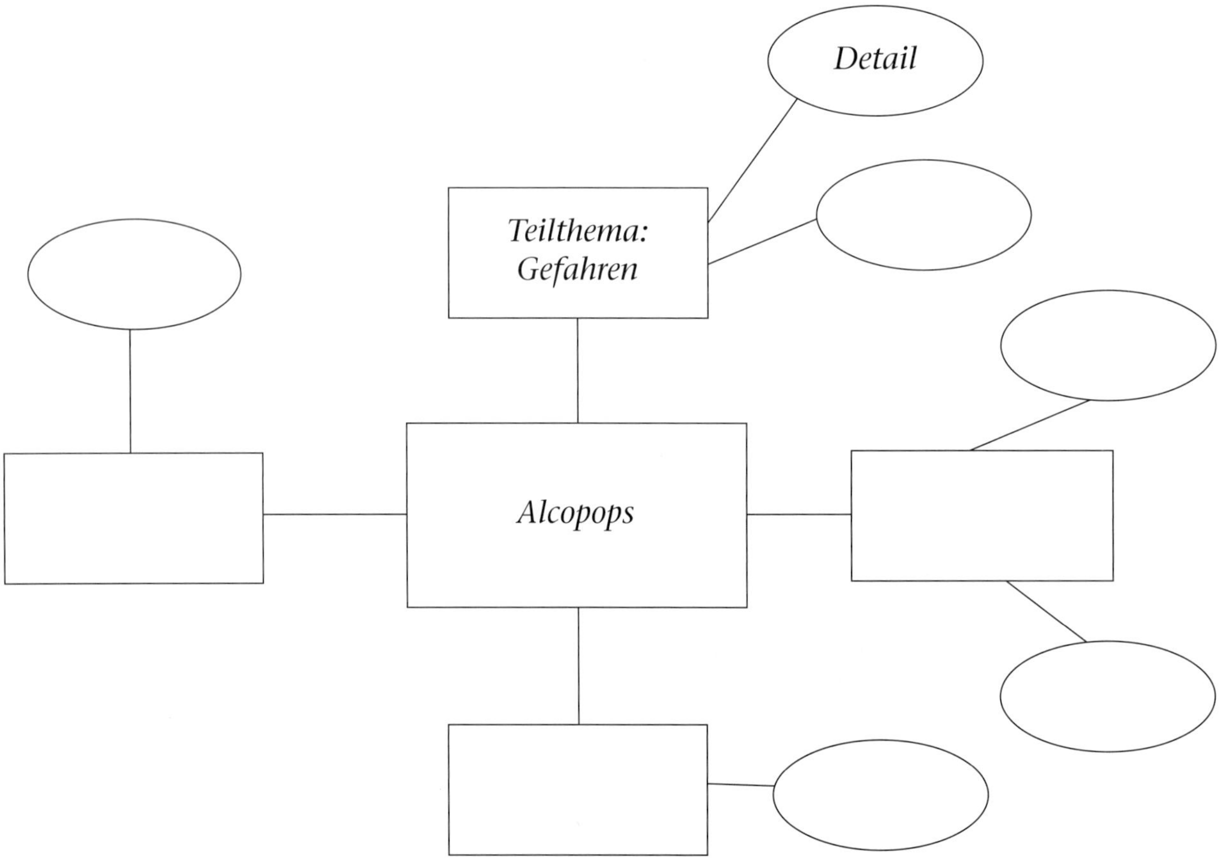

Fortsetzung auf Seite 59

Fortsetzung von Seite 58

Süßer Alkohol

Ein Thema mit Hilfe von Texten erschließen – Texte als Grundlagen für einen eigenen Text verwenden

Schritt 2: sich klar machen, für welchen Adressaten man schreibt

Wenn du für eine Schülerzeitung schreibst, solltest du Folgendes beachten:
- Schreibe so, dass die Leserinnen und Leser deinen Artikel gerne lesen. Dabei kommt es zunächst auf einen gelungenen Einstieg an.
- Schreibe so, dass auch jüngere Jahrgänge deinen Text verstehen. Vermeide zu komplizierte Sätze und unnötige Fremdwörter.

Mit Blick auf den Adressaten kannst du dir auch überlegen,
- auf welche Teilthemen du vor allem eingehen solltest (du kannst natürlich im Prinzip alle behandeln) und
- welche Einzelheiten zu den Teilthemen du berücksichtigen willst.

Schritt 3: die Textsorte und den Schreibstil planen

Überlege, welche Textsorte du wählst:
- eine Darstellung (Sacherörterung), die informieren will
- eine Auseinandersetzung (Problemerörterung), die Meinungen beeinflussen will
- einen (Leser-)Brief
- …

Davon hängt der Schreibstil ab:
- sachlich
- appellierend
- satirisch-ironisch (im Stil einer Glosse)
- …

Schritt 4: den Aufbau planen

- Überlege, welche Teilthemen du behandeln willst. Streiche die anderen Äste in deiner Mind-Map durch.
- Überlege, in welcher Reihenfolge du die Teilthemen behandeln willst, und nummeriere die Äste entsprechend durch.

Schritt 5: den Text schreiben

Schreibe nun deinen eigenen Text zum Thema „Alcopops".
Achte dabei vor allem auf folgende Punkte:
- Nutze alle Informationen, die die Texte zu deinem Thema enthalten. Die Stichworte, die du am Rand der Texte notiert hast, helfen dir dabei.
- Verdeutliche den gedanklichen Aufbau deines Textes durch Zwischenüberschriften.
- Achte darauf, dass du die einzelnen Abschnitte sprachlich miteinander verknüpfst.

Jugend debattiert

Meinungen und Begründungen untersuchen

„Jugend debattiert“: Gerne eine Volksbewegung

Thomas Brussig ist Autor der Erfolgsromane „Helden wie wir“ und „Am anderen Ende der Sonnenallee“. Im Bundesfinale von „Jugend debattiert“ saß er in der Jury. Mit ihm sprach Michaela Krüger.

KÖLNER STADT-ANZEIGER: Herr Brussig, wie haben Sie das Niveau empfunden, auf dem die Jugendlichen debattiert haben?

BRUSSIG: Ich fand es hoch und sehr beeindruckend. Man hatte absolut das Gefühl, dass das hier die besten jugendlichen Redner in Deutschland sind. Besonders der Sieger der Mittelstufe war prima, der war in seinem Auftritt auch mal lustig und konnte mitreißen. Für mich war er ganz klar ein Rapper und insofern hatte sein Auftritt viel mit Jugend zu tun. Bedauert habe ich, dass man hier andererseits auch kleine Politiker gesehen hat, die sehr geschliffen und glatt gesprochen haben.

Was macht für Sie gute Rhetorik aus?

BRUSSIG: Sie muss authentisch sein. Zu einer guten Debatte gehört, dass man hinterher auch selbst etwas gelernt hat, selber klüger geworden ist.

Was waren denn Ihre Beweggründe, mitzumachen?

BRUSSIG: Ich war ein fürchterlich schlechter Redner, gerade in diesem Alter. Deshalb bin ich auch Schriftsteller geworden, da muss ich nicht reden, da kann ich schreiben. Ich wollte jetzt erleben, was ich von mir überhaupt nicht kannte.

„Jugend debattiert“ ist bis 2005 mit fünf Millionen Euro finanziert und so die größte private Initiative zur sprachlichen und politischen Bildung in Deutschland. Sehen Sie auch Anlass zu Kritik, etwa dass hier Eliten gebildet werden? Sieben der acht Finalisten waren Gymnasiasten.

BRUSSIG: Man kann Geld natürlich immer anders ausgeben. Und es gibt immer jemanden, der meint, das sei rausgeschmissenes Geld. Mich jedoch hat dieser ganze Wettbewerb sehr überzeugt. Und wenn er an Breite noch zunimmt, also noch mehr Schulen mitmachen, ist das prima. Ich hätte nichts dagegen, wenn das eine Art Volksbewegung werden würde, wie es damals, ich bin ja aus dem Osten, die Spartakiade war. Oder die Matheolympiade.

Vor Beginn des Projekts gab es innerhalb der Stiftung leise Bedenken, ob das Projekt ein Selbstläufer werden würde. Nun ist man eines Besseren belehrt: 16 000 Schüler haben mitgemacht. Unterschätzen wir unsere Jugendlichen? Ich denke an das Stichwort Null-Bock-Generation.

BRUSSIG: So ein Wettbewerb ist ganz klar eine Möglichkeit, ein Talent zu entdecken und zu entwickeln. Er bietet die Chance, über eigene Beiträge Bestätigung zu erfahren. Vielleicht auch bei Jugendlichen, die eigentlich gar nicht so gute Schüler sind oder zu hören bekommen, sei nicht immer so vorlaut, widersprich nicht so viel. Hier kann man etwas kultivieren, was der Umwelt sonst vielleicht eine Last ist.

Glauben Sie, dass man über Projekte wie „Jugend debattiert“ Jugendliche verstärkt für gesellschaftliche und politische Themen interessieren kann?

BRUSSIG: Ich sehe das als eine Art Sozialprojekt. [...] Ich finde auch nicht, dass es unbedingt schwere politische Fragen sein müssen, über die diskutiert wird. Es sollten Fragen sein, die den Lebenshorizont und die Welt der Schüler angehen. Denn warum sollte ich mich für Dinge interessieren, die nicht meine Lebenswelt betreffen? Wenn ich keine Steuern zahle, warum soll ich mich dann für Steuerpolitik interessieren? Wenn ich kein Radfahrer bin, interessiere ich mich ja auch nicht für das Anlegen oder Nichtanlegen von Radwegen.

Aufgaben

1. Erkundige dich im Buchhandel oder im Internet über die Bücher, die im Vorspann genannt werden.
2. Kläre unbekannte Begriffe (z. B. *Rhetorik, Spartakiade*).

Fortsetzung auf Seite 61

Fortsetzung von Seite 60

Aufgabe

3. Thomas Brussigs Ausführungen enthalten viele Thesen und Argumente. Notiere zu den Thesen und Argumenten in der linken Tabellenspalte jeweils eine Textstelle.
   Tipp: Nähere Erläuterungen zu Thesen und Argumenten erhältst du auf Seite 6.

Thesen	Beispiele
Tatsachenbehauptung	
Werturteil	
Forderung/Empfehlung	

Argumente	Beispiele
Faktenargument	
Wertargument	
Analogieargument (Hinweis auf einen ähnlichen Fall)	

Körperkult

Eine besondere journalistische Textform erschließen

Bin ich schön?!
Von Katinka Müller

Nase zu groß? Kinn zu spitz oder keine Lust, die Fettpölsterchen durch anstrengenden Sport wegzutrainieren? Kein Problem, einfach bei Google den Suchbegriff „Schönheitsoperation" eingeben und es erscheint ein reichhaltiges Angebot an Kliniken. Nur noch ein paar Vertragsklauseln unterschreiben (ich übersetze mal): „Bei Fehlern leider nicht zu verklagen" oder „Nutzen Sie unsere bequeme Ratenzahlung, dann sind Sie hinterher noch mehr Geld los" ... und es kann losgehen.
Aber eine OP reicht ja noch nicht. Denn wie sieht eine gemachte Nase neben so einer unmöglichen Augenpartie aus? Also noch einmal in den Supermarkt der Körperteile. Das wäre jetzt eigentlich eine gute Überleitung für einen dieser Horrorberichte von RTL oder SAT 1. Ein kurzer Einspieler über entstellte Körper und eine ausführliche Leidensgeschichte des Betreffenden.
Aber wer hat diese Menschen denn dazu gezwungen, sich so etwas anzutun? Das in den Medien allgemeine und sich immer wieder verändernde Idealbild? Dann müsste mir aber mal jemand genau sagen können, wie das Idealbild so aussieht. Sind denn gerade mollige oder spargel-dünne Frauen in? Sehen spitze oder runde Nasen attraktiv aus? – Ach, so ein Pech, der neue Trend ist schon vorbei und ich habe noch nicht genug Geld für die nächste OP zusammen. – Aber nein, so wie ich aussehe, gehe ich nicht vor die Tür. Ich muss doch meinen Körper der Allgemeinheit anpassen. Also lieber Schulden machen, als so herumzulaufen ...
Warum ich über dieses Thema schreibe? Tja, Schönheitsoperationen sind mit der Zeit zu einer scheinbar selbstverständlichen Sache geworden. So viele Jugendliche haben vor, eine Schönheitsoperation an sich machen zu lassen, oder sie haben bereits eine hinter sich. Aber glücklicher sehen sie trotzdem nicht aus.
Stattdessen suchen sie nach neuen „Fehlern" und versuchen, sie zu beheben. Das Spiel beginnt und zieht sich endlos hin. Natürlich ist man nicht jeden Tag mit sich zufrieden, aber es gibt doch so viele andere Möglichkeiten, seinen Typ zu verändern, wenn man es gerne möchte. Den Weg auf den OP-Tisch für ein Schönheitsideal sollte man sich wirklich sparen. Für alle, die es trotzdem interessiert, der aktuelle Trend: Ausbau des Hinterteils à la Miss Jennifer Lopez. Aber Beeilung, nicht dass nächste Woche Ally McBeals Hinterteil die Top Ten bestimmt.

Aufgaben

1. Worum geht es eigentlich? Fasse die Aussage des Textes möglichst kurz zusammen.
   Du kannst das auch in Form eines Ratschlags tun, den die Verfasserin gibt.

___

___

___

2. Ebenso wichtig wie der Inhalt ist bei diesem Text die „Verpackung", also die Art und Weise, wie er geschrieben ist.
   Versuche, diese „Verpackung" kurz zu charakterisieren.

___

___

___

Fortsetzung auf Seite 63

Fortsetzung von Seite 62

Körperkult

Eine besondere journalistische Textform erschließen

Aufgaben

3. Die Art und Weise, in der der Text geschrieben ist, ist typisch für eine bestimmte journalistische Textsorte. Unterstreiche die Textsorte, die deiner Meinung nach vorliegt. Ziehe gegebenenfalls ein Wörterbuch zurate.

   Kommentar – Bericht – Reportage – Glosse – Rezension (Kritik) – Meldung

4. Überprüfe deine Ergebnisse aus Aufgabe 2 und 3 mit Hilfe der folgenden Frage:
   Welche sprachlichen Mittel fallen besonders auf?
   Antworte in Stichworten.

5. Markiere zu den drei sprachlichen Mitteln passende Textstellen. Trage dann jeweils eine Textstelle in die Tabelle ein, die du besonders gelungen findest.

sprachliche Mittel	Textstellen
Wortwahl	
Übertreibung	
Schilderung einer kleinen Szene	

Terminator 3

Eine Filmkritik untersuchen

Na ja. Hauptsätze und Action

Von Milan Pavlovic

Den Vorgängern hatte der dritte Teil der Trilogie nichts hinzuzufügen.

[...] Es ist ein Dutzend Jahre her, dass James Cameron „T2" vorlegte, der zunächst klang wie die aufgemotzte Variante des Originals aus dem Jahre 1984. [...] In jener Zeit trat der Terminator ins Rampenlicht: eine Killermaschine aus der Zukunft, abgestellt, um eine nichts ahnende Frau und damit ihren ungeborenen Sohn zu töten. Schließlich sollte aus diesem John Connor jener Mann werden, der die Menschheit im Jahr 2029 zum Sieg im Kampf gegen die Maschinen führen würde. [...]

Der zweite Teil spielte ein paar Jahre später, hatte das 25fache Budget und zwei verstörte Helden: Sarah Connor steckte in einer Nervenheilanstalt, ihr Sohn war ein jugendlicher Delinquent. Mr. Universum war inzwischen selbst zum Star in Hollywood mutiert und tauchte deshalb als Beschützer gegen eine noch tödlichere Maschine auf, einen Form- und Körperverwandler, dessen Ziel nun eben John Connor selbst war. Auch das ging schief. [...]

Wieder ist der Terminator [in Teil 3] entsandt worden, John Connor zu schützen, und wieder hat er einen noch besseren Cyborg als Gegner: den T-X, der aussieht wie das Schauspielermodel Kristanna Loken. Die sitzt in jenen Minuten [d. h., in einer zuvor genannten Verfolgungsszene] am Steuer des Lkw, selbst auf der Verfolgung von John Connor, und versucht, Arnold abzuhängen, indem sie ihn durch jede Glasscheibe und jede Häuserwand rummst, die sie auf dem Weg passiert. Ist das so irre, wie es klingt? Ja, und es ist letztlich genauso beschränkt. Als Actionfilm ist „T3" nämlich rein mechanisch. Die spektakulären Szenen sind ordentlich choreografiert[1] und passabel[2] arrangiert, aber sie sind auch deshalb so ermüdend, weil sie so absehbar sind. [...]

Arnie bekommt zwar wieder seine kargen, ironischen Einzeiler, aber sie haben nie den Biss des zweiten Teils. Im Gegenteil: Sie verdeutlichen, dass „T3" im Grunde ein Analphabeten-Film ist, der höchstens aus schlichten Hauptsätzen besteht. So sitzt man unentschieden in seinem Sessel: in der Hoffnung, eine Actionszene werde die dürren Dialogmomente bald ablösen – und in der Angst, dass man dann durch das nächste Geballer gelangweilt wird. Das ist ein Kernunterschied zu „T2". Dort entwickelte sich die Action organisch aus der Handlung. Sie war nie nur Selbstzweck, sondern unbedingter Teil einer Philosophie über das heikle Verhältnis zwischen Mensch und Maschine, die „The Matrix" in vielen Punkten vorwegnahm.

„Ohne mich"

Den abwechselnd düsteren und optimistischen Ideen der ersten Teile hat „T3" nichts hinzuzufügen und das ist das eigentliche Sakrileg[3] dieser geldgeilen Produktion. Sie mit den Worten „Aber es ist guter Sommerspaß" zu entschuldigen, beweist nur, wie bescheiden viele Kinogänger geworden sind – und wie sehr der Respekt für wirklich große Filme gesunken ist. Natürlich ist James Cameron nicht schuldlos daran.

Er, der vor 13 Jahren mit einer Mütze mit der Aufschrift „‚T3' without me" herumlief, hätte diesen Film verhindern können. Müssen. Ab sofort muss das Motto heißen: „No more 4". [...]

1 choreografieren = Bewegungsabläufe gestalten (ursprünglich beim Ballett)
2 passabel = annehmbar
3 Sakrileg = Vergehen gegen etwas, das heilig ist

Fortsetzung auf Seite 65

Fortsetzung von Seite 64

Terminator 3

Eine Filmkritik untersuchen

Aufgaben

1. Kreuze auf der Bewertungsskala an, wie Milan Pavlovic den Film „Terminator 3" bewertet.

gut +2 +1 0 -1 -2 schlecht

○ ○ ○ ○ ○

2. Überprüfe deine Einschätzung aus Aufgabe 1. Lies den Text ein zweites Mal und markiere Stellen, die deine Einschätzung bestätigen oder ihr widersprechen.

3. Untersuche die **Mittel**, mit denen die Bewertung des Films verdeutlicht wird.
Markiere mit verschiedenen Farben:
   - ausdrückliche Werturteile
   - auf- bzw. abwertende Wortwahl

4. Mach dir die Maßstäbe bewusst, die der Filmkritik zu „Terminator 3" zugrunde liegen, aber nicht ausdrücklich dargestellt werden.
Entwirf dazu aus der Sicht Pavlovics einen „Katalog der Anforderungen an einen guten Actionfilm".

Ein guter Actionfilm muss: ______________________________

5. Setze dich mit Pavlovics Rezension auseinander, indem du deine Zustimmung oder deinen Widerspruch formulierst. Unterscheide dabei die beiden folgenden Ebenen:
   - Wenn du den Film kennst und dir dein eigenes Urteil bilden kannst, kannst du dich auf konkrete Aussagen Pavlovics über den Film beziehen.
   - Nimm außerdem Stellung zu den grundsätzlichen Anforderungen Pavlovics an Actionfilme. Wenn du den Film nicht gesehen hast, wirst du dich auf diese Ebene beschränken müssen.

Achte darauf, dass du deine eigene Position auch jeweils begründest.
Arbeite in deinem Heft.

Jugend debattiert

Einen Zeitungsartikel untersuchen und sich mit ihm auseinandersetzen

Aufgaben

1. Lies die Überschrift des Zeitungsartikels und den kurzen Vorspann. Notiere dann – bevor du den Artikel liest – in Stichworten, was du von dem Text erwartest.

____

____

2. Mit einem geschickten Einsatz von Sprache – vor allem mit einer bestimmten Wortwahl – kann man die Erwartungen von Leserinnen und Lesern steuern. Überlege, was in der Überschrift und im Vorspann deine Erwartung steuert.

3. Lies den Artikel nun durch und prüfe, ob deine Erwartungen erfüllt werden oder nicht.

Reden, bis die Wangen glühen
Von Michaela Krüger

Die Wehrpflicht ablehnen, aber gute Gründe dafür nennen – Schüler erleben das Abenteuer einer überzeugenden Rede.

Bergisch Gladbach – Barbara ist nervös. Noch mal und noch mal geht sie die Liste mit den Pros und Kontras durch, die sie in den vergangenen Tagen zum Thema „Sollen Frauen zur Wehrpflicht eingezogen werden?“ gesammelt hat. Rechts pro, links kontra. Weil Barbara, 16, 11. Klasse, sich politisch bei der Sozialistischen Arbeiterjugend engagiert, in der Schülervertretung sitzt und eigentlich prinzipiell gegen den Wehrdienst ist, liegt eine schwierige Aufgabe vor ihr: Barbara wurde „pro“ zugeteilt. Mit diesem Los sitzt sie mit drei Mitstreitern im Schulverbund-Finale der Gesamtschule Bergisch Gladbach-Paffrath, es geht um den Einzug ins Landesfinale, und Barbara spricht von der Gleichberechtigung gegenüber dem Mann. Hört zu, wenn ein Kontrahent von einer „schwächeren psychischen und physischen Verfassung“ des weiblichen Geschlechts redet. Bezieht sich auf andere Länder wie Israel, in denen Frau seit Jahren Pflichtdienst an der Waffe tut. Sie kontert dabei, ohne laut zu werden oder dem Gegenüber das Wort abzuschneiden. In allen vier Kategorien – Überzeugungskraft, Sachkenntnis, Ausdrucksvermögen, Gesprächsfähigkeit – bestätigt ihr die Jury später, „sehr, sehr gut“ zu sein.

Am 12. Mai wird Barbara Ziffus nun für die Region in den Landeswettbewerb ziehen, gemeinsam mit drei weiteren Schülern des Schulverbunds Leverkusen/Bergisch Gladbach – darunter auch Monika Dlugosch, 10. Klasse, die den ersten von zwei Plätzen für die Mittelstufe errang. Ihr bescheinigt die Jury, „immer wieder auf andere Argumente einzugehen, konkret nachzufragen und neue Impulse in das Gespräch einzubringen“.

Und es ist ein sportlicher Wettkampf, der an diesem Tag sieben Stunden lang dauert. Ein Wettkampf ohne verbale Fouls, dafür mit großer Fangemeinde. Denn während sich die Besten über je drei Runden dem Sieg entgegenreden, sitzen rund 100 Mitschüler im Raum, feuern an, drücken Daumen oder nehmen einen enttäuschten Verlierer in den Arm.

Barbara steht am Ende die Anstrengung und Freude im Gesicht. Mit roten Wangen nimmt sie die Urkunde entgegen, die ihr den Weg zur sprachlichen Weiterbildung ebnet: Anfang Mai wird sie an einem dreitägigen Rhetorik-Seminar, das der Initiator des Projekts, die Allgemeine Hertie-Stiftung, finanziert, teilnehmen. Zusammen mit 39 weiteren Schulverbund-Siegern, die bis dahin in gesamt Nordrhein-Westfalen ermittelt wurden.

Wie sie sich denn bislang auf den Wettbewerb vorbereitet habe? Da guckt Barbara fast ein wenig verständnislos. „Na“, sagt sie, „ich diskutiere von Hause aus mit meiner Familie viel über Politik.“

Fortsetzung auf Seite 67

Fortsetzung von Seite 66

Jugend debattiert

Einen Zeitungsartikel untersuchen und sich mit ihm auseinandersetzen

Aufgaben

4. Welche Textsorte liegt vor? Und welche Merkmale sind dafür typisch?
Streiche Textsorten und Merkmale, die nicht auf den Artikel zutreffen. So kannst du per Ausschlussverfahren den Artikel genauer bestimmen.
Tipp: Am Ende sollten eine Textsortenbezeichnung und drei Merkmalsbeschreibungen übrig bleiben.

Nachricht   Interview   überwiegend Präteritum   lebendig-anschaulich

überwiegend Präsens   Rezension (Kritik)   fordernd   Bericht   sachlich-nüchtern

Kommentar   Glosse   auffordernd   Reportage   erzählend

5. Entwirf eine andere Überschrift und einen anderen Vorspann, und zwar in zwei Versionen:

Version 1: Überschrift und Vorspann, die den Inhalt des Artikels genauer „auf den Punkt bringen".

____

____

____

____

Version 2: Überschrift und Vorspann, die dich noch stärker verleiten, den Text zu lesen.

____

____

____

____

6. Vergleiche deine Version 1 mit der Originalversion. Was spricht für deine, was für die Originalversion?

Für meine erste Version spricht: ______________________________

____

____

Für die Originalversion spricht: ______________________________

____

____

Jobben – und Schule ist Nebensache?

Texte auswerten – Stellung nehmen

Aufgabe

1. Lies die Texte auf Seite 68 und 69 genau. Markiere dabei mit verschiedenen Farben:
   - Passagen, die den Sachverhalt (Freizeit-Arbeit bei Jugendlichen) darstellen
   - Passagen, die Ursachen darstellen
   - Passagen, die positive Folgen darstellen
   - Passagen, die negative Folgen darstellen

   Tipp: Markiere sparsam, möglichst nur zentrale Begriffe.

Generation Job

Die Jugendlichen verdienen sich das Geld in erster Linie für Handy, Hobbys und Kleidung.

Von Marcel Gluschak

Da kann er nur noch mit dem Kopf schütteln. Manfred Huschner, Englischlehrer und Schulleiter am Gymnasium Köln-Nippes, kann nicht fassen, was ihm die Schüler manchmal erzählen. „Pro Monat brauche sie 250 Euro, hat mir eine Schülerin mal gesagt. Auf meine Frage, wofür sie das Geld ausgebe, antwortete das Mädchen: an erster Stelle für mein Handy, an zweiter für Klamotten, an dritter für die Sonnenbank und dann noch fürs Essen. Die 250 Euro reichen dann meistens bis zum 20. des Monats." Manfred Huschners Mundwinkel rücken noch ein Stück weiter nach unten. „Dann fragte ich die Schülerin, was sie denn nach dem 20. mache, und sie antwortete: Na, es schmeckt zwar nicht so gut, aber dann muss ich eben wieder zu Hause essen."

Jugendliche haben ihr Konsumverhalten verändert – daran haben Experten keinen Zweifel. Internet- und Handy-Rechnung wollen bezahlt werden, Ausgehen auch an den Wochentagen ist nichts Außergewöhnliches mehr, Markenklamotten bleiben in – um diesen Lebensstil finanzieren zu können, reicht das herkömmliche Taschengeld nicht aus. Für viele Schüler ist der Nebenjob zum selbstverständlichen Bestandteil des Alltags geworden. „Das Taschengeld von meinen Eltern reicht halt einfach nicht, um mir die Wünsche zu erfüllen, die ich habe", sagt Laura (19). Acht bis zehn Stunden in der Woche steht sie in einem großen Bekleidungsgeschäft und sortiert die Pullover. Kein aufregender Job, wie sie sagt, aber der einzige Weg zu einem ausgeglichenen Kontostand am Monatsende.

Für den Konsum legen sich Deutschlands Schüler mächtig ins Zeug. Rund ein Drittel der 15- bis 19-Jährigen arbeitet regelmäßig, 42 Prozent gehen gelegentlich und in den Ferien einem Job nach. Das sind die vorläufigen Ergebnisse der Studie „Jugendliche in neuen Lernwelten" des Deutschen Jugendinstitutes in München, die diesen Sommer veröffentlicht wird.

„Bei so viel Beschäftigung drängt sich die Frage auf, ob die Schüler noch die Arbeit im Klamottenladen als Nebenjob betrachten oder nicht eher die Schule", ärgert sich der Hamburger Lehrerverbandschef, Arno Becker. „Zu Wochenbeginn hängen die motivationslos über den Tischen, noch ganz müde vom Job am Wochenende." Die Schüler hätten keine Verbindung mehr zur Schule, klagt Becker, der den Lehrauftrag der Schule gefährdet sieht. Für Becker steht außer Frage, dass sich lukrativer Nebenverdienst und ertragreiche Bildung nicht vereinbaren lassen. Arbeit bedeute eine zunehmende Verplanung des Alltags, dies wiederum zieht wachsenden Stress nach sich – vor allem in den Klausurphasen.

Schüler jedoch sehen das ganz anders. „Das ist eine Frage der eigenen Disziplin und der Organisation", findet Laura. „O. K., manchmal ist es so stressig, dass ich erst nach Feierabend nach Hause komme. Aber dann mache ich meine Hausaufgaben eben schon vorher in der Schule, wenn wir Freistunden haben oder Pause." Auch Natascha (18), die sich mit Babysitten zusätzliche 150 Euro im Monat verdient, empfindet ihren Nebenjob als Training für den späteren Überlebenskampf. „Ich bin selbstständiger geworden. Und ich kann nun auch verantwortlicher mit Geld umgehen. Man sieht, dass man nicht alles einfach so bekommt, sondern auch etwas dafür tun muss." Nataschas Ansicht deckt sich mit dem Ergebnis einer aktuellen Studie des wirtschaftssoziologischen Instituts der Universität Bonn. Die Analyse ergab, dass Jugendliche, die ihr Taschengeld mit einem Nebenjob aufbessern, mit Geld sicherer umgehen können und auch eher zum Sparen neigen.

Fortsetzung auf Seite 69

Fortsetzung von Seite 68

Für die meisten Lehrer sind dies vielleicht positive Nebeneffekte, das Phänomen Schularbeit einfach hinnehmen wollen sie jedoch nicht. Das Gymnasium Köln-Nippes geht daher einen Weg, der positive Synergien freisetzen soll. So empfiehlt das dortige Kollegium seinen Schülern Arbeitsstellen, bei denen die Jugendlichen das schulische Wissen praktisch anwenden können. Die Schüler haben etwa die Möglichkeit, bei der Arbeit am Computer in einem großen Warengeschäft die Kenntnisse des Informatikunterrichts anzuwenden – und dabei auch noch Geld zu verdienen. „Man kann nicht immer alles verbieten und die Augen vor den neuen Entwicklungen verschließen", meint Schulleiter Huschner. „Aber eines müssen die Schüler begreifen: Ihre eigene Zukunft ist wichtiger als Geld."

„Das Anspruchsdenken ist gestiegen"

Jürgen Mansel ist Sprecher der Sektion „Jugend" bei der Deutschen Gesellschaft für Soziologie. Mit dem Bielefelder Professor sprach Marcel Gluschak.

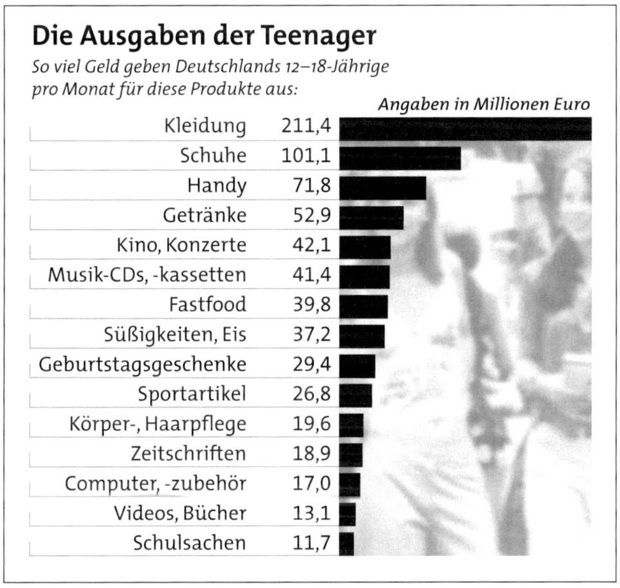

KÖLNER STADT-ANZEIGER: *Herr Mansel, warum gehen so viele Schülerinnen und Schüler arbeiten?*
JÜRGEN MANSEL: Das Geld ist eigentlich nicht der entscheidende Grund. Die Jugendlichen suchen einen Weg zur eigenen Selbstständigkeit. Zufrieden können sich arbeitende Schüler sagen: Seht her, ich liege den Alten nicht mehr auf der Tasche. Das befreit.
Müssen wir uns also darauf einstellen, dass arbeitende Schüler ein fester Bestandteil unserer Gesellschaft geworden sind?
MANSEL: Ja. Man kann davon ausgehen, dass immer mehr Jugendliche die konjunkturelle Lage in Deutschland zum Anlass nehmen werden, um sich zusätzlich Geld zu verdienen. Der Wunsch nach Sicherheit wächst, und die konsumorientierten Medien tun ihr Übriges. Das Anspruchsdenken der Jungen ist gestiegen.
Eine Entwicklung, die mit der Schulausbildung nicht in Einklang zu bringen ist?
MANSEL: Das würde ich nicht unbedingt sagen. Arbeit ist schließlich förderlich für das Selbstwertgefühl. Sie ist identitätsbildend. Auch wenn bei dem einen oder anderen die Schulleistungen darunter leiden, würde ich nicht sagen, dass Nebenjobs sich nicht mit der Schule vertragen. Schließlich kommt es der eigenen Entwicklung nur zugute, wenn die Kinder früh Eigenverantwortung übernehmen.
Das sehen einige Lehrer anders.
MANSEL: Das kann ich verstehen. Aber die Forschung zeigt uns, dass nebenbei arbeitende Schüler generell nicht weniger leisten können als ihre arbeitsfreien Klassenkameraden. Schlecht entwickeln sich hingegen Kinder, die das Gefühl bekommen, in ihren Handlungsmöglichkeiten eingegrenzt zu sein. Werden ihnen Nebenjobs verboten, dann haben diese Kinder das Gefühl, ihr Leben in diesem Bereich nicht selbst in die Hand nehmen zu können. Erfahrungsgemäß ist das Problempotenzial bei diesen Menschen höher. Das Gefühl der Eigenverantwortung spielt im Leben junger Leute eine wichtige Rolle.

Aufgabe

2. Erkläre den Zusammenhang von Text und Grafik.

Generation Job

Zu einem Sachverhalt Stellung nehmen

So viel Geld wie noch nie

Immer mehr Jugendliche arbeiten neben der Schule.

In diesen Tagen der wirtschaftlichen Schwäche Deutschlands häufen sich die Notstandsmeldungen. Die Konjunkturflaute hält schon so lange an, dass sich kaum noch jemand an den letzten Aufschwung erinnern kann. Demnächst werden möglicherweise auch noch die ersten Feiertage abgeschafft. Welch ein Desaster, ein Jahr ohne Fronleichnam! Doch wie das Schicksal so spielt, von all dem Elend dieser Gesellschaft profitiert auch jemand.

Nein, nicht das Deutsche Rote Kreuz und auch nicht das Finanzamt sind die heimlichen Gewinner. Die Lösung liegt viel näher! Profitieren wird: die Jugend. Die Hoffnungsträger unseres Landes, um das es doch eigentlich so schlecht bestellt ist.

Laut dem Institut für Jugendforschung (IJF) haben die 13- bis 24-Jährigen heute so viel Geld wie kaum jemals zuvor zur Verfügung – in diesem Jahr allein 5 656 Euro pro Nase. Zusammengerechnet sind das 62,1 Milliarden und damit nochmals zehn mehr als im vergangenen Jahr. Da fragt sich: Und das in der Wirtschaftskrise? Wie passt denn das?

Etwa so: Die Regierung ist gar nicht so schlecht, wie sie bei Sabine Christiansen immer alle machen! Ganz im Gegenteil. Wie es zu echten Sparfüchsen passt, sind die da oben sogar äußerst geschickt. Die ganze ökonomische Misere ist nämlich nur zu unserem Wohl. Denn was passiert, wenn es den Eltern an Geld mangelt? Sie gehen arbeiten.

Auch wenn es angeblich zu wenig Arbeit in Deutschland gibt. Es ist offenbar immer noch genug da. Zumindest für die steigende Zahl an Leuten, die Zweit- oder sogar Dritt-Jobs annehmen.

Was darunter leidet, ist die Zeit für die Familie. Womit wir wieder bei den Hoffnungsträgern sind. Um die mangelnde Beschäftigung mit ihren Kindern zu kompensieren, setzen die Eltern ihre Kinder nicht mehr nur vor den Fernseher, sondern stecken ihnen auch Geld zu. Den lieben Kleinen geht es dadurch besser als früher.

Und sie nehmen sich ein Beispiel an ihren fleißigen Eltern und gehen auch nebenbei arbeiten. Unterm Strich lässt sich also durchaus behaupten: Jugendlichen geht es besser als früher. Und das haben wir alles unserer klugen und umsichtig handelnden politischen Führung zu verdanken.

[...]

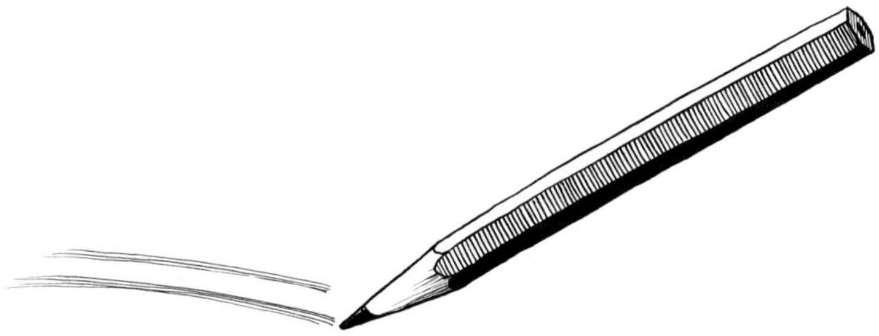

Aufgaben

1. Der Text „So viel Geld wie noch nie" ist eine Glosse, d. h. ein betont subjektiver, etwas launisch geschriebener Kommentar.
   Markiere drei oder vier Stellen, an denen deutlich wird, dass der Text sozusagen mit einem Grinsen geschrieben worden ist.

2. Notiere die Textstellen, mit denen man die Textsorte am besten bestimmen kann.

Fortsetzung auf Seite 71

Fortsetzung von Seite 70

Generation Job

Zu einem Sachverhalt Stellung nehmen

Aufgaben

3. Welche anderen Formen der schriftlichen Meinungsäußerung kennst du?
   Unterstreiche die richtigen Begriffe.
   Tipp: Du musst sechs Begriffe unterstreichen.

   Bericht – Kommentar – Schilderung – Essay – Rezension – Antrag – Leserbrief – Amtliche Mitteilung – Gutachten – Plädoyer

4. Beschreibe die unterstrichenen Textsorten aus Aufgabe 3.

5. Verfasse eine Glosse zu dem Thema „Jugendliche und ihre Jobs".
   Wähle dazu eine der folgenden Perspektiven:
   - die Perspektive einer Lehrerin bzw. eines Lehrers
   - die Perspektive einer Schülerin bzw. eines Schülers

Ein Thema, mehrere Texte: Textdesign

Bauchfrei mit Tang

Tuse oder begehrter Blickfang? – „Junge Zeit

① **W**imperntusche, ein bisschen Make-up, lange, versiegelte Fingernägel, dezent auffallende Ohrringe, ein großer Ring mit weißen Zirkonia, High-Heels, Täschchen, ein vollgepackter Kleiderschrank: Das alles gehört dazu, damit Dominika (17) sich gefällt. Sie hat die Schule gewechselt und mit ihr auch ihren Stil verändert. „Man versucht, sich anzupassen und den anderen zu gleichen, um sich so in die Gruppe zu integrieren."

Eigentlich meint Dominika, der Charakter sei immer noch das Wichtigste an einer Person. Trotzdem kann sie nicht von der Hand weisen, dass Marken wie Louis Vuitton und Prada Eindruck schinden und dem Gesamtbild „den letzten Schliff" geben. Sie selbst findet die neueste Mode in Zeitschriften wie „Glamour" und ist bemüht, den aktuellen und möglichst eleganten Stil zu kopieren. Sie möchte ihrer Linie treu bleiben, auch wenn das schwer ist, da „man sich schon verändert", um dazuzugehören.

Vorwitziger Tanga

Der vorwitzig aus der typischen Hüfthose guckende Tanga gehört für Dominika zum Schulalltag dazu und ist eigentlich nicht der Rede wert. Aber sie wird ab und zu mal „nett drauf aufmerksam gemacht" und reagiert schnell. Aus dem Alter, in dem man den Tanga absichtlich zur Schau stellt, um damit dem männlichen Publikum kräftig einzuheizen, sei sie heraus. In dem Alter, in dem man zur natürlichen Blässe im Winter steht, ist sie jedoch noch nicht angekommen. „Ich finde es einfach schön und für mich hat es etwas mit Gesundheit zu tun. Ich denke, wenn man braun ist, dann sieht man automatisch gesünder und erholter aus." Um ihre Bräune aufzubauen, ging Dominika zunächst zwei bis drei Mal pro Woche auf die Sonnenbank. Mittlerweile reiche ein Mal in der Woche, um vor allem zu entspannen. Für das künstliche Sonnenvergnügen gibt sie im Monat 40 Euro aus. Die monatlichen Ausgaben beschränken sich jedoch nicht nur auf das Sonnenstudio. Kleidung, Schmuck, Schuhe, Taschen und der Besuch im Nagelstudio erleichtern ihr Konto jeden Monat aufs Neue. Ab und zu gönnt sie sich dann mal etwas ganz Besonderes, wie vor kurzem eine Sonnenbrille von Chanel für 200 Euro. Um Schminke, Schmuck, Taschen, Markenkleidung und auch das allwöchentliche Partymachen finanzieren zu können, geht Dominika neben der Schule mehrmals in der Woche und am Wochenende arbeiten. Obwohl sie sehr auf Äußeres fixiert ist, bedauert sie, dass andere Werte nicht mehr zählen und „die Gesellschaft mittlerweile total markenorientiert ist". Dadurch kämen viele Freundschaften erst gar nicht zustande oder endeten enttäuschend.

Caroline Syré

„Ganz normal" finden sich Kerstin (18) und Rebecca (19). Natürlich achten sie auf ihr Aussehen, geben sie zu. Gleichzeitig bestehen die beiden darauf, dass es das Wichtigste ist, sich in seinen Klamotten wohl zu fühlen. Besonders Kerstin legt Wert auf Natürlichkeit. Heute trägt sie einen schwarzen Pullover und Jeans, ihre Naturhaarfarbe und wenig Make-up. „Gerade für die Schule mache ich mich gar nicht zurecht, abends schon mal eher", meint sie. Auch auf die Sonnenbank gehe sie nicht, denn „im Sommer werde ich sowieso braun". Das sieht Rebecca schon etwas anders – sie hat keine Probleme damit, ihrer Schönheit etwas nachzuhelfen. Mindestens einmal in der Woche besucht sie das Sonnenstudio. Wenn sie genug Geld hat, auch öfter. Ihre Haare sind blondiert und dauergewellt, weder Piercing noch Tattoo fehlen. Auf das scheint sie stolz zu sein, denn sie trägt ihre Jeans so tief, dass man die Tätowierung oberhalb des Pos gut erkennen kann.

Fortsetzung auf Seite 73

Fortsetzung von Seite 72

ınd Täschchen

tersucht den Modetrend der Mädels

② Positiv auffallen

Viel Geld, meinen beide, geben sie für Kleidung nicht aus. „Ich mache meist einmal im Jahr einen Großeinkauf, das war es dann“, sagt Kerstin. Ob die beiden mit ihrem Style etwas aussagen wollen? „Eher nicht“, meint Kerstin. „Zumindest nicht in dem Sinne wie etwa Punks.“ „Na ja, positiv auffallen vielleicht schon“, gibt Rebecca zu bedenken und gibt zu, bei der Wahl ihres Styles auch an männliche Blicke zu denken. „Aber trotzdem muss ich mich dabei wohl fühlen“, betont sie. Rebecca ist keine, die andere wegen ihres Aussehens oder ihrer Klamotten verurteilt, meint sie, aber „natürlich wird auf dem Schulhof über manche Leute gelästert, da mache ich auch mit. Wenn jemand zum Beispiel komische oder für seine Figur unvorteilhafte Klamotten trägt, kann es schon ziemlich fies werden.“ Und manche Leute kann sie nicht ausstehen – etwa die Punks aus ihrer Stufe. „Die sind zu extrem“, meinen beide. „Genauso wie die Tusen, die aufgestylt und voll geschminkt in die Schule kommen. So sind wir nicht, wir sind eben … ganz normal.“

Saskia Biebert

③ PRO
Einfach nett anzusehen

Der Tanga ist eine weitere Waffe der Frau, der Mann ausgeliefert ist. Als ob wir nicht schon leidgeprüft genug wären durch enge Tops, kurze Röcke und Frauen, die nackt in der Werbung vor Hydranten rumhüpfen. Da bleibt einem nur noch, sich ins Schicksal zu fügen und rüberzuschielen. Es sieht ja ganz nett aus, wenn da ein wenig Stoff aus der Hose schaut. Der Testosteronspiegel diktiert halt die Fantasie. Oft haftet den Damen mit den knappen Höschen ein unschönes Klischee an. Man sollte jedoch akzeptieren, dass Tangas, Täschchen und Tops ein vorübergehender Modetrend sind. Jungs fällt das sicher leichter als etwas konservativer eingestellten Mädels. Für die bleibt nur das Hoffen auf eine Trendwende zu Gunsten der Verhüllung.

Oliver Mehlich

④ KONTRA
Tusen sind bauchfreie Herdentiere

An den Schulen läuft die neue Spezies unter dem Markenzeichen „Tuse“: blond, bauchnabelfrei, mit enger Hose, die trotz Bauch- und Hüftspeck so tief sitzt, dass der halbe Hintern herausschaut. Tusen sind Herdentiere, die immer mit mindestens zwei Tusen auftreten, die von hinten nicht zu unterscheiden sind. Zur Identifizierung schaut man ihnen ins Gesicht (jetzt keinen Schreck kriegen: Sie haben nicht mit dem Kopf auf der Herdplatte geschlafen. Sie waren nur auf der Sonnenbank!) und spricht sie an. (Nein, nicht mit „Kannst du mal deine Maske abnehmen?“ Das ist doch das Make-up! Das hat eine Stunde gedauert, also bitte etwas Respekt!) Oft kommt aber keine Unterhaltung zustande – sie hat nämlich noch Wichtiges vor: „Sorry, ich muss weg, mein Fünf-Minuten-gratis-Sonnenstudio-Gutschein läuft heute ab!“ Schon wackelt sie mit schwingenden Kreolenohrringen davon. Man bleibt zurück und fragt sich, ob das eine Mode ist oder ein Lebensstil – obwohl von Stil keine Rede sein kann. Wo ist denn der Individualismus geblieben? Aber lange kann es die Tusen ja nicht mehr geben – denn Hautkrebs ist unerbittlich und achtet nicht aufs Aussehen.

Saskia Biebert

⑤ JUNGE ZEITEN

Emanzipierte Lustobjekte
Oliver Mehlich hat den Modeexperten und „Men's Health“-Kolumnisten Bernhard Roetzel (37) zu dem Tanga-Trend befragt.

JUNGE ZEITEN: *Was halten Sie von dem Trend der Mädels, ihre stoffarme Unterwäsche fast bis unters Kinn zu ziehen?*

BERNHARD ROETZEL: Das Komische daran ist, dass der Look von lüsternen alten Herren kreiert sein könnte. Aber er ist eine Demonstration eines neuen weiblichen Selbstbewusstseins. Die emanzipierte Frau macht sich, wenn, dann selbst zum Lustobjekt.

Was macht den Trend aus?

ROETZEL: Grundregel bei Mode ist, dass die Jüngeren ihre Eltern provozieren wollen. Bei der niedrigen Hemmschwelle heute ist das allerdings schwer. Also läuft das über Sex. Der Tanga führt dahin, wo es interessant wird.

Hört die Ästhetik da nicht bei einer gewissen Kleidergröße auf?

ROETZEL: Sicher, aber Ästhetik ist geschmacksabhängig. Allerdings hat der Tanga auch einen ästhetischen Pluspunkt: Die so genannte SSL (Anmerkung für Unwissende: Sichtbare Slip-Linie) der normalen Unterhose, die das Hinterteil unerwünscht verformt, entfällt.

Geht die Schönheit nicht auf Kosten der Bequemlichkeit?

ROETZEL: Für das männliche Geschlecht ist das aufgrund natürlicher Gegebenheiten unverständlich. Bei Frauen ist das anders. Die einen finden es bequem, andere nicht: Reine Geschmackssache.

Wo kommt der Trend her?

ROETZEL: Die Hiphop-Rapper waren die ersten, die Unterwäsche zeigten. Beeinflusst davon ließ Marky Mark die Wäsche durchblicken. Auch Madonnas Korsagen verstärkten den Trend, die Unterbekleidung auf die Straße zu bringen. Tops sind nichts anderes als frühere Unterwäsche. Tangas sind nur eine Erscheinung dieses generellen Trends.

Fortsetzung auf Seite 74

Fortsetzung von Seite 73

Modetrends

Ein Thema, mehrere Texte: Textdesign

Aufgaben

1. Worum geht es auf den Seiten 72 und 73?
   Untersuche unter diesem Aspekt Schlagzeile und den Untertitel des Hauptartikels.
   Mit welchen Worten wird das eigentliche Thema formuliert?

   ____

2. Erkläre, nach welchem Prinzip Schlagzeile und Untertitel formuliert sind.
   Schreibe im Imperativ als Anleitung für Redakteure.

   Schlagzeile: ______________________________

   ____

   Untertitel: ______________________________

   ____

! *Typisch für das Gestaltungskonzept des **Textdesigns** ist, dass sich mehrere Texte (und Grafiken) mit demselben Thema befassen. Die Texte gehören dabei meist zu verschiedenen Textsorten. Das Textdesign nutzt also die unterschiedliche „Leistungsfähigkeit" der verschiedenen Textsorten.*

3. Bestimme die verschiedenen Textsorten, die auf den Seiten 72 und 73 verwendet werden.

   Text ①: ______________________________

   Text ②: ______________________________

   Text ③: ______________________________

   Text ④: ______________________________

   Text ⑤: ______________________________

4. Ordne die Texte auf den Seiten 72 und 73 den folgenden Sachtextkategorien zu.

   - Texte mit dem Schwerpunkt „Darstellung/Information": Nr. ____________
   - Texte mit dem Schwerpunkt „Argumentation/Meinungsäußerung": Nr. ____________

Fortsetzung auf Seite 75

Fortsetzung von Seite 74

Modetrends

Den Inhalt untersuchen

Aufgaben

1. Was erfährst du aus den Texten 1 und 2 (S. 72, 73) über die drei Mädchen? Markiere, was für dich besonders auffallend oder interessant ist. Verwende dazu verschiedene Farben, z. B. für
   - Aussagen der Mädchen über Kleidung und Mode allgemein,
   - Aussagen der Mädchen über Wertvorstellungen,
   - Aussagen der Mädchen über ihr Verhalten.

2. Stelle deine Ergebnisse aus Aufgabe 1 stichwortartig zusammen.

Aussagen der Mädchen ...		
über Kleidung und Mode allgemein	**über Wertvorstellungen**	**über ihr Verhalten**

3. Verfasse einen Kommentar zu der Lebenseinstellung der drei Mädchen. Beziehe dich dabei ausdrücklich auf Einzelheiten aus den Texten.

Fortsetzung auf Seite 76

Fortsetzung von Seite 75

Modetrends

Die Sprache untersuchen

Aufgaben

1. Verfasse einen Kommentar zu der Kontra-Stellungnahme „Tusen sind bauchfreie Herdentiere" (S. 73). Gehe dabei vor allem auf die Frage ein, ob die Stellungnahme eher sachlich oder eher unsachlich ist, und untersuche, inwiefern die Sprache des Textes zu dem einen oder anderen beiträgt.
   Tipp: Markiere Wörter und Wendungen, die dein Urteil stützen, und verwende sie in deinem Kommentar als Belege.

2. Was trägt das Interview zum Thema bei? Begründe deine Meinung.

3. Man könnte das Thema auch in einem einzigen, zusammenhängenden („kontinuierlichen") Text behandeln. Welche Vorteile bietet demgegenüber das Textdesign?

Lösungen

S. 7, Kleine Sachtext-Kunde
zu 3:
Sachtexte, die **Wissen vermitteln** wollen, können sich auf **Sachverhalte** sowie Vorgänge und **Abläufe** beziehen.
Sachtexte, die **Meinungen und Überzeugungen beeinflussen** wollen. Elemente der Meinungsbildung: **Thesen** in Form von Tatsachenbehauptung, **Werturteil, Empfehlung, Forderung;** Argumente in Form von: **Faktenargument, Autoritätsargument, Wertargument, Hinweis auf Folgen**

zu 4:
Formen der Thesen:
Forderung (die implizit ein Werturteil enthält) – Tatsachenbehauptung (die implizit ein Werturteil enthält) – Werturteil – Tatsachenbehauptung

S. 10, Text-Umgangsformen
zu 1:
Techniken des aktiven Lesens: Schlüsselwörter markieren, den Text in Sinnabschnitte einteilen, Zeichen am Rand machen (Ausrufe- und Fragezeichen, Plus- und Minuszeichen usw.), Marginalien (Randnotizen/Randglossen) schreiben, Zwischenüberschriften verfassen
Untersuchungsaspekte: Was kann man an einem Sachtext alles untersuchen?: Inhalt, Sprache, Aufbau
Möglichkeiten, das Wesentliche in knapper Form festzuhalten: gegliederte Stichwortliste, Tabelle, Strukturdiagramm, Flussdiagramm, Mind-Map
Produktive Umgangsformen: einen Abschnitt oder einen ganzen Text umgestalten, einen Text umschreiben

S. 11, Text-Umgangsformen
zu 2:
Einen Satz umschreiben: einen Satz mit kompliziertem, verschachteltem Satzbau in mehrere kürzere Sätze „zerlegen", Attribute in Relativsätze umformulieren
Einen Abschnitt oder einen ganzen Text umgestalten: Absätze einfügen, Hervorhebungen einfügen (Fett-, Kursivdruck), markante Sätze durch einen Rahmen oder einen Fond hervorheben (wie das in Zeitungen und Zeitschriften häufig geschieht), mit Spiegelstrichen arbeiten, Textteile einrücken

S. 15, Sprachliche Probleme in Sachtexten
zu 3:
Unterstrichene Hauptsätze:
a) In der Regel wird man, sofern man bei einer Firma in die engere Wahl gekommen ist, zu einem Vorstellungsgespräch eingeladen, bei dem sich der Personalchef, der meist über eine gute Menschenkenntnis verfügt, ein genaueres Bild von der Bewerberin bzw. dem Bewerber macht, um herauszufinden, ob diese wirklich geeignet sind.
b) Fachleute, die schon seit Jahren die Entwicklung der Berufstätigkeit in der Bundesrepublik verfolgen, wobei sie sich auf genaue Statistiken und Analysen stützen, gehen davon aus, dass heute jeder Berufstätige mindestens einmal im Leben seinen Beruf wechselt, und empfehlen daher von vornherein eine breite Schulbildung.

S. 16, Sprachliche Probleme in Sachtexten
zu 4:
Durchgestrichene Attribute:
a) ~~Formale oder inhaltliche~~ Fehler ~~in den Unterlagen einer Bewerberin oder eines Bewerbers~~ führen dazu, dass die Betreffenden sogleich von den ~~für die Einstellung~~ Verantwortlichen von dem ~~weiteren~~ Verfahren ~~in der Firma~~ ausgeschlossen werden.
b) Es ist daher ratsam, sich bei der Bewerbung ~~um einen der in manchen Branchen recht raren Ausbildungsplätze größte~~ Mühe ~~mit der Zusammenstellung der Unterlagen~~ zu geben und bei dieser ~~entscheidenden~~ Weichenstellung ~~für ein ganzes Leben höchste~~ Sorgfalt walten zu lassen.

S. 17, Plädoyer für Äußerlichkeiten
zu 1:
Absätze, Einrückungen, Spiegelstriche, Hervorhebungen durch Fettdruck, Hervorhebungen durch Kursivdruck, Hervorhebung in einem (hier rahmenlosen) Kasten, unterschiedliche Schriftgröße, Überschriften

S. 20, Visualisierung von Textinhalten
zu 2:
eine Reihenfolge von Aspekten oder Begriffen: Stichwortliste
eine logische oder chronologische Abfolge: Flussdiagramm
Zusammenhänge ohne Berücksichtigung von Über- und Unterordnung: Cluster und evtl. Strukturdiagramm
Zusammenhänge mit Berücksichtigung von Über- und Unterordnung: gegliederte Stichwortliste, Mind-Map und Strukturdiagramm
viele Details in übersichtlicher und geordneter („sortierter") Form: Tabelle

Lösungen

S. 34, Textabsicht und Leseinteresse
zu 3:
Text ①: weniger brauchbar;
Begründung: wendet sich an Adressaten, die bereits im Beruf stehen;
Stellen, die auf den Adressaten hinweisen: Überschrift: „für" (statt „zum"), „Für Beschäftigte mit Berufspraxis ..."
Text ②: brauchbar;
Begründung: enthält kurze Informationen über einige Inhalte der Ausbildung;
Stellen, die auf den Adressaten hinweisen: „Wer sich für einen der neuen Berufe in der Event- und Medienbranche interessiert und in diesem Jahr keinen Ausbildungplatz gefunden hat ..."
Text ③: besonders brauchbar;
Begründung: beschreibt den Beruf und die Ausbildung am genauesten, warnt auch vor falschen Vorstellungen;
Stellen, die auf den Adressaten hinweisen: „Schulabgänger" (Z. 1 f.), „Azubi" (Z. 27) usw.
Text ④: weniger brauchbar;
Begründung: enthält kurze Info über Beruf, wendet sich aber nicht an Berufsanfänger;
Stellen, die auf den Adressaten hinweisen: Umschulung (Z. 12), Studienabbrecher, Arbeitslose, Berufsabbrecher (Z. 13–15)

S. 36, Wie Wörter wirken
zu 2:
Event-Manager/Event-Managerin: englische Begriffe, beide positiv besetzt, wirken dynamisch, voll „Power"
Veranstaltungskaufmann/Veranstaltungskauffrau: deutsche Begriffe, wirken herkömmlich, bieder

S. 41, Die olympischen Ringe
zu 3: richtige Reihenfolge: 2 – 1 – 3

S. 43, Ein Ballspiel aus England
zu 5:
Visualisierungsform: Mind-Map, geeignet für: Darstellung der Teilthemen (= je ein Zweig), damit Übersicht
Visualisierungsform: Erklärgrafik, geeignet für: Gestaltung des Raumes und Angaben zur Durchführung des Spiels
Visualisierungsform: Flussdiagramm, geeignet für: Geschichte des Spiels

S. 50, Unruhige Augen
zu 2:
Mind-Map: Zusammenhänge (mit Über- und Unterordnung), kann leicht erweitert werden
Flussdiagramm: Abläufe, Anschaulichkeit
Liste: viele Details (geordnet oder ungeordnet), Vollständigkeit
Kurvendiagramm: Abläufe, Anschaulichkeit

zu 3:
Für Abschnitt 1 geeignet: Kurven- und Flussdiagramm
Für Abschnitt 2 geeignet: Liste und Mind-Map
Für Abschnitt 3 geeignet: Liste und Mind-Map
Für Abschnitt 4 geeignet: keine Visualisierung

S. 54, Süßer Alkohol
zu 1:
Es geht um den Alkoholkonsum bei Jugendlichen insgesamt.

zu 2:
Alcopops machen nicht unmittelbar süchtig. Sie verführen aber zu weiterem Alkoholkonsum.

zu 3:
Meinung: Teenager lernen früher einen Rauschzustand kennen (Tatsachenbehauptung); **Begründung/Argument:** Denn die Mischgetränke werden schon von Jugendlichen in größerer Menge getrunken, weil sie sehr süß sind und man den Alkohol nicht schmeckt. (Faktenargumente)
Meinung: Alcopops sind darum die neuen Verführer zu Alkohol (Tatsachenbehauptung); **Begründung/Argument:** Denn die Mischgetränke werden schon von Jugendlichen in größerer Menge getrunken, weil sie sehr süß sind und man den Alkohol nicht schmeckt. (Faktenargumente)
Meinung: Steuer ist die beste Strategie (Tatsachenbehauptung); **Begründung/Argument:** Erfahrungen in Frankreich (Faktenargument)
Meinung: Flaschen sollten gekennzeichnet sein (Forderung); **Begründung/Argument:** Jugendliche und Eltern sind oft nicht informiert. (Faktenargumente)

zu 4:
Am besten geeignet ist hier ein Kurvendiagramm.

S. 57, Süßer Alkohol
zu 1 und 2:
Es handelt sich um Forderungen; sprachlich zu erkennen an den Modalverben „müssen" und „sollen".

zu 3:
In der letzten Äußerung steckt die Forderung: Man müsste dafür sorgen, dass Jugendliche ein bessere Zukunftsperspektive haben.

S. 61, Jugend debattiert
zu 3:
Thesen
Tatsachenbehauptung: So ein Wettbewerb ist ganz klar eine Möglichkeit, ein Talent zu entdecken und zu entwickeln.
Werturteil: Ich fand es hoch und sehr beeindruckend. / Bedauert habe ich, dass man hier andererseits auch kleine Politiker gesehen hat ... / Mich jedoch hat dieser ganze Wettbewerb sehr überzeugt. Und wenn er an Breite noch zunimmt, also noch mehr Schulen mitmachen, ist das prima. / Ich finde auch nicht, dass es unbedingt schwere politische Fragen sein müssen, über die diskutiert wird.
Forderung/Empfehlung: Sie [die Rhetorik] muss authentisch sein. / Es sollten Fragen sein, die den Lebenshorizont und die Welt der Schüler angehen.
Argumente:
Faktenargument: Er bietet die Chance, über eigene Beiträge Bestätigung zu erfahren. / Hier kann man etwas kultivieren, was der Umwelt sonst vielleicht eine Last ist. (in dem Begriff „kultivieren" zugleich Wertaspekt)
Wertargument: Man hatte absolut das Gefühl, dass das hier die besten jugendlichen Redner in Deutschland sind. / ... die [kleinen Politiker haben] sehr geschliffen und glatt gesprochen ...
Analogieargument (Hinweis auf einen ähnlichen Fall): Warum sollte ich mich für Dinge interessieren, die nicht meine Lebenswelt betreffen? Wenn ich keine Steuern zahle, warum soll ich mich dann für Steuerpolitik interessieren? Wenn ich kein Radfahrer bin, interessiere ich mich ja auch nicht für das Anlegen oder Nichtanlegen von Radwegen.

Textquellen

Umschlagtext: Christoph Martin Wieland, Über Rechte und Pflichten der Schriftsteller. Aus: Texte, Themen und Strukturen. Berlin (Cornelsen Verlag) 1999, S. 210 f.
S. 8: Hannes Rügheimer, Handys für Kinder. Aus: Kölner Stadtanzeiger vom 12.6.03, http://www.ksta.de/artikel.jsp?id=1054823286772.
S. 21: Oliver Jendro, Fehlalarm durch Virensoftware. Aus: Kölner Stadtanzeiger vom 10.4.03, http://www.ksta.de/artikel.jsp?id=1049817306749.
S. 24: Thomas Krone, Matrix Revolutions. Aus: General Anzeiger Bonn, http://www.general-anzeiger-bonn.de (6.12.03).
S. 27–28: Ruth Kinet, Fly Society. Aus: Junge Zeit 5/1993.
S. 31: Schulung für Event-Manager. http://weiterbildung.ksta.de/start.php?page=artikel9&ausgabe= (29.5.03).
S. 31: Jugendliche mit „JEM" in Event- und Medienberufe. http://extra.zgk.de/weiterbildung/start.php?page=artikel66&ausgabe=ks (21.7.03).
S. 32: Events scharf kalkulieren. Aus: Kölner Stadtanzeiger vom 21.5.2003, Sonderveröffentlichung „Ausbildung und Beruf".
S. 33: Qualifikation für Medien- und Eventbranche. http://extra.zgk.de/weiterbildung/start.php?page=artikel21&ausgabe=ks (21.7.03).
S. 38: Walter Schmidt, Ein Turm für alle Fälle. Aus: Kölner Stadtanzeiger vom 13.3.2003, http://www.ksta.de/artikel.jsp?id=1047315808882.
S. 39: Es wird gespart – die Schulden steigen weiter. Aus: Kölner Stadtanzeiger vom 28.7.03, http://www.ksta.de/artikel.jsp?id=1059402901034. Quelle: dpa.
S. 42: Ein Ballspiel aus England. Aus: P. M. Fragen & Antworten 3/2001. Schneller wissen. 88 Themen zum Mitreden, S. 63.
S. 44: Warum darf man im Flugzeug kein Handy benutzen? Aus: P. M. Fragen und Antworten. Schneller wissen. 3/2002, S. 12.
S. 44: Warum sind Handys in Flugzeugen verboten? Aus: Ratgeber Mobilfunk: Nützliche Tipps und Informationen. Hrsg.: Informationszentrum Mobilfunk e. V., S. 12. [Das Informationszentrum Mobilfunk (IZMF) ist ein „eingetragener, gemeinnütziger Verein", der von den Mobilfunknetzbetreibern gegründet worden ist. Sitz: Hegelplatz 1, 10117 Berlin.]
S. 46: Ferienzeit lässt Verbraucherpreise klettern. Aus: Kölner Stadtanzeiger vom 7.8.03, http://www.ksta.de/artikel.jsp?id=1060006901528.
S. 49: Was ist Rapid-Eye-Movement? Aus: P. M. Fragen & Antworten 3/2001. Schneller wissen. 88 Themen zum Mitreden, S. 28.
S. 51: Alcopops: Scharfer Sprit hinter buntem Etikett. Aus: t-online – Gesundheit. http://gesundheit.t-online.de/gesu/erna/ar/07-0/CP/ar-alcopops.html (20.11.03).
S. 53: Interview Lisa Eversmann und Thomas Kappe mit Wolfgang Settertobulte, Alcopops sind die neuen Verführer zum Alkohol. Aus: Berliner Zeitung vom 27.11.2003, http://www.berlinonline.de/berliner-zeitung/wissenschaft/296120.html.
S. 55: Marcus Pfeil, Giftiger Erfolg. Aus: DIE ZEIT 24/2003, http://zeus.zeit.de/text/2003/25/Bacardi-Mix.
S. 57: Interview Carl J. Wiget mit Richard Müller, Gefahr in Fläschchen. Aus: Brückenbauer der Ausgabe 25, 17.6.2003, S. 20–22, http://www.brueckenbauer.ch/INHALT/0325/25familie2.htm.
S. 60: Interview Michaela Krüger mit Thomas Brussig, „Jugend debattiert": Gerne eine Volksbewegung. Aus: Kölner Stadtanzeiger vom 16.6.03, http://www.ksta.de/artikel.jsp?id=1055433089488.
S. 62: Katinka Müller, Bin ich schön?! Aus: Kölner Stadtanzeiger vom 24.7.03, http://www.ksta.de/artikel.jsp?id=1058193140551.
S. 64: Milan Pavlovic, Na ja. Hauptsätze und Action. Aus: Kölner Stadtanzeiger vom 31.7.03, http://www.ksta.de/artikel.jsp?id=1059402910535.
S. 66: Michaela Krüger, Reden, bis die Wangen glühen. Aus: Kölner Stadtanzeiger vom 11.4.03, http://www.ksta.de/artikel.jsp?id=1049817309072.
S. 68: Marcel Gluschak, Generation Job. Aus: Kölner Stadtanzeiger vom 7.7.03, http://www.ksta.de/artikel.jsp?id=1056984753298.
S. 69: Interview Marcel Gluschak mit Jürgen Mansel, Das Anspruchsdenken ist gestiegen. Aus: Kölner Stadtanzeiger vom 7.7.03, http://www.ksta.de/artikel.jsp?id=1057506556376.
S. 70: So viel Geld wie noch nie. Aus: Kölner Stadtanzeiger vom 28.6.2003.
S. 72–73: Bauchfrei mit Tanga und Täschchen. Aus: Kölner Stadtanzeiger vom 29./30.5.2003.

Bildquellen

Umschlag: © Falk Heller/argum, © Grabowski, Ullstein Bilderdienst, Corel Library; S. 9, 72: Thomas Schulz; S. 18, 21, 27, 43: dpa; S. 24, 64: Cinetext; S. 30, 32, 45, 63: Corel Library; S. 37: AFP Multimedia GmbH; S. 39, 46: Ausführung: sign, Berlin; S. 69: Bravo: Faktor Jugend 6, Oktober 2002